De l'espoir pour les familles d'aujourd'hui

De l'espoir pour les familles d'aujourd'hui
Original English title of work : Hope for Today's Families
Copyright © 2018 by Review and Herald® Publishing Association.
All rights reserved. French language edition published with permission of the copyright owner.

Inter-American Division Publishing Association®
2905 NW 87 Ave. Doral, Floride 33172, États-Unis d'Amérique
Tél. : +1 305 599 0037 — mail@iadpa.org — www.iadpa.org

Président **Saúl Andrés Ortiz**
Vice-président Éditorial **Francesc X. Gelabert**
Vice-président de la Production **Daniel Medina**
Vice-présidente du Service client **Ana L. Rodríguez**
Vice-président des Finances **Moise Javier Domínguez**

Traduction
Annie Henry

Édition française
Christine Jangal

Couverture
Elías Peiró

Conception et mise en page
Daniel Medina Goff

Copyright © 2018 de l'édition en français
Inter-American Division Publishing Association®

ISBN : 978-1-78665-003-0
Imprimé et relié par : **Thomson Press (India) Ltd.**
Imprimé en Inde / *Printed in India*

1ère édition : décembre 2018
Provenance des images : Fotolia

Toute reproduction ou transmission, totale ou partielle de cet ouvrage (texte, images, conception, et mise en page), par quelque moyen que ce soit (électronique, mécanique, par photocopie, enregistrement ou autre) sans autorisation préalable écrite des éditeurs est interdite et punie par les lois internationales de protection de la propriété intellectuelle.

Sauf indication contraire, les textes bibliques sont tirés de la Bible dite à la Colombe, nouvelle version Segond révisée, © 1978, Société biblique française. Est aussi citée : la Bible en français courant version révisée (**BFC**), © 1997, Société biblique française. Dans tous les cas, l'orthographe et l'usage des noms propres ont été unifiés selon la Bible à la Colombe pour une identification plus facile.

Dans les citations bibliques, sauf indication contraire, tout ce qui est souligné (italiques et gras) est toujours de l'auteur ou de l'éditeur.

Table des matières

	Page
Introduction	7
1. La famille, une invention de Dieu	15
2. Le mariage selon Dieu	23
3. Réussir dans notre rôle de parents	35
4. Roc ou sable ?	47
5. Devenir des alliés intimes	55
6. Communiquer avec grâce	63
7. Aucune excuse pour la violence familiale	73
8. Comment prévenir la détresse conjugale et le divorce	83
9. Trouver la paix quand on est célibataire	93
Épilogue	103

Introduction

Former une famille épanouie est l'une des tâches les plus difficiles que les êtres humains puissent entreprendre. Même lorsque nous prenons la décision d'avoir des relations saines au sein de notre famille, cela reste difficile – malgré nos bonnes intentions – parce que nous sommes tous humains et qu'aucun être humain n'est parfait. Nos manquements font qu'il est très difficile de conserver des relations saines.

Cependant, il y *a* de l'espoir pour les familles d'aujourd'hui. Les choses peuvent aller mieux. Nos enfants peuvent grandir et devenir des êtres humains positifs et dynamiques. Nous pouvons apprendre à surmonter les attitudes négatives. Tout comme vous acceptez les raisons de Dieu pour créer une famille, il vous est possible d'avoir des relations familiales plus fortes et plus saines.

L'une des dynamiques importantes d'une famille épanouie est la qualité de sa communication. Une bonne communication dans une famille biparentale n'est pas très différente d'une bonne communication dans une famille monoparentale. Toute conversation significative et pertinente sur la famille devra aborder les luttes communes à toutes les familles du monde.

Les relations familiales varient en fonction des personnes qui composent le foyer. Il n'y a pas une seule et unique façon de diriger une famille. Les interactions au sein d'une famille où trois ou quatre générations vivent sous le même toit seront un peu différentes de celles d'un foyer composé uniquement des parents et de leurs enfants. Cependant, comme nous l'avons déjà mentionné, les principes fondamentaux pour établir de bonnes relations familiales sont à bien des égards universels.

D'Addis-Abeba à Adélaïde, de Bali à Buenos Aires, de Cape Town à Chicago, de Dewas à Détroit, d'Eldoret à Ensenada, de Florence à Fortaleza, de Gaborone à Genève, de Haïfa à Hanoï, d'Istanbul à Ibadan, de Jérusalem à Juba, de Kuala Lumpur à Kaboul, de Los Angeles à Lahore, de Madrid à Mumbai, de New York à Nairobi, d'Orlando à Osaka, de Port Moresby à la ville de Panama, de Quito à Quezon City, de Riga à Rio de Janeiro, de San Salvador à Shanghai, de Tegucigalpa à Timisoara, d'Ulaanbaatar à Uppsala, de Volgograd à Valparaíso, de Washington DC à Varsovie, de Xi'an à Xalapa, de York à Yaoundé, de la ville de Zanzibar à Saragosse, plusieurs compétences de base sont disponibles pour renforcer et améliorer les relations familiales dans les villages et les villes du monde entier.

Dans ce petit livre, nous nous proposons de partager plusieurs idées essentielles pour jouir de bonnes relations familiales. Que vous soyez célibataire, marié, divorcé, avec ou sans enfants, jeune ou plus âgé, nous espérons que vous trouverez dans ces pages des outils qui pourront transformer vos relations et les rendre non pas juste acceptables mais magnifiques.

Dans le chapitre 1, nous parlerons de la famille en tant qu'invention de Dieu depuis le commencement du monde ; nous verrons pourquoi elle est si importante et quels rôles elle joue dans nos vies afin de nous donner le sens du moi et la stabilité dont nous avons besoin pour vivre.

Dans le chapitre 2, nous nous pencherons sur le mariage tel qu'il a été conçu par Dieu et sur la nécessité de se concentrer davantage sur ce que l'on peut donner, plutôt que sur ce que l'on peut obtenir. Nous partagerons également une métaphore importante qui vous aidera à visualiser facilement comment tirer le meilleur parti de son mariage en investissant dedans tous les jours.

Dans le chapitre 3, nous révélerons les secrets d'une parentalité réussie. Élever des enfants aujourd'hui est plus difficile que jamais. Et façonner leur caractère est d'autant plus urgent qu'étant bombardés de messages contradictoires provenant des réseaux sociaux et de nombreuses autres sources, ils sont quotidiennement confrontés à des valeurs qui semblent opposées à celles de leurs parents. Si vous voulez être mieux préparé à relever ce formidable défi, vous devez lire ce chapitre.

Dans le chapitre 4, nous parlerons de l'importance de comprendre que pour tous ceux qui veulent jouir de bonnes relations, l'obéissance est nécessaire. Tant que nous ne nous emparerons pas des principes que Dieu a mis en place pour nous aider à développer d'importantes valeurs qui favorisent la paix et le bonheur dans toutes nos relations, notre qualité de vie continuera à être inférieure à ce que Dieu voulait qu'elle soit.

Au chapitre 5, nous expliquerons comment maris et femmes peuvent devenir de proches alliés. Nous mettrons en garde contre le fait que chaque mariage va naturellement évoluer vers un état d'isolement, à moins que les partenaires soient tous les jours décidés à développer une proximité entre eux par la puissance de Dieu. Les personnes mariées proches l'une de l'autre sur les plans émotionnel, financier, spirituel et intellectuel, ont tendance à se soutenir mutuellement lorsqu'elles sont confrontées à un problème venant d'une force ou d'une personne extérieure.

Au chapitre 6, nous traiterons de l'importance de communiquer avec grâce dans toutes vos relations. En tant qu'êtres humains, nous faisons tous des erreurs. En rapprochant la communication de la grâce, vous serez capable de communiquer dans un cadre favorable à la proximité et à la croissance.

Au chapitre 7, nous partagerons des informations inestimables sur la nature destructrice de la violence et des abus dans la famille et nous passerons en revue l'intention originelle de Dieu et son plan parfait pour nos relations et nos familles.

Au chapitre 8, nous divulguerons des preuves scientifiques sur la façon de prévenir la détresse conjugale et le divorce afin que votre mariage puisse être un lieu de croissance, de satisfaction et de paix. Si vous êtes marié ou projetez de vous marier dans un proche avenir, vous ne pouvez pas vous permettre de manquer cet exposé.

Au chapitre 9, nous aborderons les processus sociaux qui touchent les célibataires, et l'importance de trouver la paix avec soi-même, ainsi que votre situation si vous êtes célibataire. Nous garderons également à l'esprit que beaucoup d'adultes célibataires souhaiteraient se marier et croient que leur vie serait plus facile s'ils l'étaient. Est-ce réellement vrai ? Les personnes mariées sont-elles avantagées dans le monde où nous vivons ? Nous tenterons de découvrir comment trouver une plus grande paix quand on est célibataire.

Dans l'épilogue, nous rassemblerons les messages de chaque chapitre comme les pièces d'un puzzle qui, lorsqu'elles sont réunies, proposent une image de l'espoir que Dieu nourrit pour chaque relation familiale.

Avoir une famille épanouie est un cadeau de Dieu. Certes, cela demande des efforts, de la volonté et une confiance dans le Tout-Puissant. Néanmoins, vous devriez toujours vous souvenir que Dieu a promis d'être avec vous jusqu'à la fin des temps (voir Matthieu 28.20) ; de vous donner sa paix (voir Jean 14.27) ; et de pourvoir à tous vos besoins (voir Philippiens 4.19).

Faisons-lui confiance en dépit des défis auxquels nous sommes confrontés chaque jour de notre existence et reconnaissons qu'il y a de l'espoir pour les familles d'aujourd'hui.

1

La famille, une invention de Dieu

Le mot *FAMILLE* est extraordinaire : il éveille des sentiments chaleureux dans le cœur de la plupart des habitants du monde. C'est à elle que chacun pense quand il est en danger ou quand il a quelque chose de bon à partager ou un événement à célébrer. La famille est la première chose à laquelle on pense après avoir été à l'école ou au travail pendant un certain temps. La plupart des gens ont envie de serrer leurs proches dans leurs bras et profiter du cadre familier du foyer après avoir été absents pendant un moment. La vérité est que, après Dieu, la famille est le groupe de personnes le plus important au sein duquel nous nous sentons en sécurité et à l'aise.

La famille n'est pas le fruit du hasard. Elle est le plan de Dieu pour la race humaine depuis le début des temps. C'est le groupe qui nous donne notre identité, notre nom et nos traditions. Elle est formée de personnes avec lesquelles nous entretenons des relations à long terme et avec qui, le plus souvent, nous nous sentons le plus à l'aise. La famille est presque toujours le lieu où nous acquérons la force intérieure qui agit sur nos objectifs et aspirations, et même sur notre sentiment de bien-être, et détermine ce que nous sommes réellement ou ce que nous voulons devenir.

Lorsque nous pensons à la famille, nous voyons nos parents, nos frères et sœurs, nos grands-parents, nos tantes, nos oncles, nos cousins, notre conjoint et nos enfants. Parfois, nous considérons même nos bons amis comme des membres de notre famille car :
- nous avons grandi ensemble dans la même église ou le même quartier ;
- nous venons de la même ville ou du même pays ;
- nous appartenons à la même tribu ou région ;
- nous nous sommes adoptés l'un l'autre ou nous nous entendons particulièrement bien ; ou
- nous partageons des valeurs, des objectifs ou des affinités communs.

Ce qui peut nous venir à l'esprit quand nous pensons à la famille, ce sont les souvenirs des visages, des formes, des odeurs ou des conversations, des endroits privés et publics ; une maison ou un appartement ; une ville ou un quartier ; une ferme ou un village ; une église ou une école ; une cuisine et un plat.

Genèse 1.27,28 décrit ainsi les débuts de la famille : « Dieu créa l'homme à son image : il le créa à l'image de Dieu, homme et femme il les créa. Dieu les bénit et Dieu leur dit : Soyez féconds, multipliez-vous, remplissez la terre et soumettez-la. »

La Bible – le livre inspiré qui décrit la relation de Dieu avec les êtres humains – nous dit, dans le premier chapitre du premier livre, que Dieu a créé la famille, soulignant la grande importance que cette cellule de base a pour lui et qu'elle devrait donc avoir pour nous.

Malgré le plan de Dieu pour le bonheur de la famille, nous savons tous que les choses ne fonctionnent pas toujours aussi bien qu'elles sont supposées le faire. Les maris et les femmes ne s'entendent souvent pas. Le mariage, qui était censé durer jusqu'à la mort se termine souvent par un divorce, ou bien la relation donne naissance à des enfants sans aller jusqu'au mariage, entraînant ainsi des séparations causes de beaucoup de souffrance. Les parents et les enfants sont souvent en colère les uns contre les autres. Les parents ne se sentent pas respectés, tandis que les enfants se sentent contrôlés ou abandonnés par ceux qui sont censés prendre soin d'eux.

Ces expériences sont souvent déroutantes parce que ce que nous imaginions et qui aurait dû apporter du bonheur, des sentiments chaleureux et de la sécurité produit tout l'inverse pour beaucoup de personnes dans notre monde aujourd'hui, peut-être même pour vous qui lisez ce livre en ce moment.

Face à la déception et à la détresse, nous sommes heureux de vous assurer qu'il y de l'espoir pour la famille d'aujourd'hui. À cause de l'attitude courante dans notre société qui nous incite à penser d'abord et toujours à nous-mêmes, en cherchant ce que nous pouvons obtenir, plutôt que ce que nous pouvons donner, les familles continueront à connaître l'angoisse, la dépression, la tristesse, le désespoir et la misère. L'espoir réside dans le réexamen des principes que Dieu nous demande de suivre pour que nos familles puissent être ce pour quoi il les a créées. Au lieu de n'y jeter qu'un coup d'œil, mettre ces principes en pratique nous permettra d'expérimenter la joie, la chaleur et la paix que la famille doit apporter.

Alors, comment décririez-vous vos relations familiales ? Y a-t-il de la paix et un sentiment de satisfaction dans votre foyer chaque jour, ou votre vie de famille ressemble-t-elle davantage à un combat auquel vous essayez d'échapper ou de survivre chaque jour ? Pensez-vous progresser dans votre quête pour une famille plus forte et plus épanouie ou êtes-vous en colère, frustré, irrité et plus démuni chaque jour qui passe ?

Que pouvez-vous faire pour que l'échec apparent de vos relations familiales se transforme peu à peu en succès et pour que la communication entre les membres de votre famille soit plus satisfaisante ?

Bonne question. La vérité est qu'il n'y a pas de famille parfaite, parce que personne n'est parfait. Ainsi, quand nous parlons d'une famille qui se sent connectée, nous ne parlons pas d'une famille sans aucun problème. Nous décrivons plutôt une famille dont les membres ont atteint un niveau relativement élevé de satisfaction et de stabilité ; une famille dont la communication est bonne, où parents et enfants ont la volonté de gérer les conflits en temps opportun et se sont engagés à se montrer patients, gentils, compréhensifs et indulgents. Bien que ce genre d'engagement ne soit pas facile, cela en vaut la peine et contribuera au bonheur, à la santé et à la qualité de vie de toutes les familles qui le mettront en pratique.

Pour que les familles réussissent à traverser les années avec une forte probabilité de réussite, il est important que les membres de la famille s'engagent à y parvenir chaque jour, un jour à la fois. Chaque membre doit prendre la décision de s'entendre avec les autres chaque jour de manière pratique, en écoutant les autres, en s'entraînant à être patients envers les autres alors que le contraire est tellement plus facile parce que cela vient naturellement !

Ce sont ces habitudes qui, si elles sont pratiquées quotidiennement, construisent des familles plus fortes et plus saines au fil des ans et permettent à leurs membres de se sentir en confiance, chéris et en sécurité, ce qui facilitera grandement la résolution des difficultés qui surviendront inévitablement. Ce type de relation familiale est meilleur qu'une police d'assurance lorsqu'il s'agit de protéger une famille contre des événements inattendus.

Les spécialistes de la famille disent souvent que la qualité d'une famille dépend de la qualité de sa communication. Essayer de développer une relation familiale solide sans communication saine, c'est comme essayer de faire du jus de raisin sans raisins. C'est tout simplement impossible. Une communication saine, c'est la première compétence à utiliser pour maintenir un sens profond de la famille. Plus la relation entre les membres devient étroite, plus la communication doit être attentionnée et respectueuse.

Stephen R. Covey, un éminent spécialiste de la famille, indique dans son livre *The 7 Habits of Highly Effective Families*[*] [Les 7 habitudes des familles réussies], que le concept « Soyez proactif » est une compétence à utiliser pour une communication efficace. En substance, l'idée indique que, entre un stimulus et la réponse, ce que quelqu'un vous dit, et comment vous répondez, il y a un espace. Et dans cet espace, chaque membre de la famille a la liberté et le pouvoir de choisir sa réponse : ce qu'il dit et comment il le dit. Et cette réponse est vraiment à la base de la croissance et du bonheur de la famille. Pour que ce concept fonctionne, une famille doit être capable de communiquer efficacement, cependant, cette habileté doit être mise en pratique pour qu'elle puisse s'apprendre.

Trois choses *doivent* se passer dans l'espace de temps séparant ce que vous dit un membre de la famille et votre réponse :

1. Vous devez faire une *pause,* au lieu de répondre immédiatement à ce que disent votre père ou votre mère, votre fille ou votre fils, votre mari ou votre femme ; prenez le temps de vous calmer.

2. Vous devez alors *penser* à ce que vous devriez ou ne devriez pas dire.
3. Vous devez *choisir* la bonne réponse : celle qui apportera la paix, plutôt que la guerre, à la situation actuelle.

La qualité de votre vie familiale dépend beaucoup de la qualité de votre communication. Les membres d'une famille qui se parlent régulièrement et avec amour atteignent un niveau de proximité que les membres d'une famille qui communiquent rarement ou méchamment ne connaîtront jamais.

Il faut de la détermination pour construire une belle famille. Mais tout ce qui vaut la peine d'être fait, vaut la peine d'être bien fait. Alors prenez l'engagement de bien communiquer et regardez votre famille s'épanouir et croître durant les jours, les semaines, les mois et les années à venir.

---

*Stephen R. Covey, *The 7 Habits of Highly Effective Families* [Les 7 habitudes des familles réussies], Golden Books, New York, 1997.

2

Le mariage selon Dieu

Pour célébrer notre trentième anniversaire de mariage et créer de nouveaux souvenirs pour garder notre mariage sain et fort, nous avons passé cinq jours à la plage, profitant du magnifique sable et de l'eau turquoise.

Ce séjour a été tout simplement merveilleux. Nous nous sommes détendus, adonnés à la lecture, nous avons apprécié la bonne nourriture, nous avons nagé, fait de la plongée, du surf et du kayak. Mais la plus inoubliable de toutes nos activités a été d'apprendre à faire de la voile.

Lors de notre première leçon, nous nous sommes rendu compte que ce sport comportait beaucoup plus de difficultés qu'il n'y paraissait au premier abord. Bien qu'un peu stressant, c'était aussi relaxant, stimulant et gratifiant. Au cours de nos leçons, il est rapidement devenu évident qu'il nous fallait travailler ensemble, en équipe, et être sur le même côté du voilier pour pouvoir voguer en douceur sur les eaux transparentes des Caraïbes.

Dieu a créé le mariage et la famille pour donner aux êtres humains la communauté qui leur était nécessaire pour se sentir connectés. Même si ce système comporte des phases difficiles, les récompenses sont extraordinaires.

La Bible regorge de bons conseils pour nous aider à négocier nos relations familiales de façon à en retirer le maximum de joie. Plus nous lisons la Parole de Dieu, personnellement et avec notre conjoint, plus nous serons en phase avec ce que Dieu veut pour nous et pour nos familles. La vérité est qu'il nous est impossible, en tant qu'êtres humains, de toujours protéger l'amour contre le mal ou les blessures. Cependant, lorsque nous appliquons la Parole de Dieu à nos relations familiales, nous pouvons trouver la capacité d'honorer Dieu dans nos relations. Mais cela ne peut se faire que lorsque nous passons du temps les uns avec les autres et que nous grandissons ensemble par la puissance de Dieu.

Nous aimons passer du temps ensemble, juste nous deux. Maintenant que nous sommes mariés depuis plus de trente ans et que nous avons le privilège de travailler ensemble, nous avons toutes sortes d'activités favorites à faire et d'endroits à visiter. Nous sommes simplement reconnaissants à Dieu de nous avoir réunis, et nous essayons d'appliquer les conseils que nous trouvons dans la Bible dans notre relation conjugale tous les jours. Un de nos versets préférés, que nous aimons appliquer dans notre communication, se trouve dans Jacques 1.19. Il dit : « Que tout homme soit prompt à écouter, lent à parler, lent à la colère ».

Travailler ensemble, comme nous le faisons, est gratifiant mais aussi difficile. Nous planifions des moments de loisir ensemble et cherchons souvent des événements à célébrer pour garder notre mariage et notre famille à une place désirable. Après avoir travaillé pendant plusieurs jours sur des projets, l'une des choses que nous aimons faire est de trouver un bon restaurant indien et de partager un repas ensemble. Pendant que nous essayons de ne pas trop manger, nous apprécions la nourriture et faisons de ce succulent plat de *chana masala, baigan bharta, dal makhani*, riz et tandoori rôti, une raison de louer Dieu et de nous réjouir de la vie. Et, si nous avons été assidus à notre programme d'exercice hebdomadaire, nous pouvons ajouter un verre de *lassi* à la mangue pour couronner le tout.

Nos enfants sont grands et ne vivent plus à la maison. Cependant, chaque fois que nous en avons l'occasion, nous passons du temps en compagnie de notre famille. Qu'il s'agisse de jouer à un jeu, de partager un repas, de visiter un musée ou d'aller ensemble à l'église, nous nous rappelons que nous nous appartenons et nous sommes reconnaissants envers Dieu pour sa bonté envers nous. Quand nous sommes séparés, nous restons connectés en nous appelant régulièrement. Bien sûr, nous y parvenons parce que nous y pensons et que nous planifions les choses en conséquence. Mais c'est un investissement utile pour la santé et la force de notre mariage et de notre famille.

Le plan de Dieu pour le mariage s'exécute plus facilement lorsque les couples mariés utilisent un concept appelé *compte bancaire émotionnel*. Le compte bancaire émotionnel ressemble à n'importe quel autre compte bancaire. Vous pouvez effectuer des retraits sur un compte, uniquement s'il dispose de fonds. Et nous savons tous ce qui se passe quand, sur un compte bancaire, on fait plus de retraits que de dépôts. Il n'a pas les provisions suffisantes lorsque nous faisons un chèque.

La même chose est vraie dans le mariage. Si tout ce que vous faites dans votre couple est de prendre, prendre et prendre, sans contribuer au bien-être de votre conjoint d'abord, vous ne pouvez espérer tirer grand-chose de votre relation conjugale. Lorsque vous êtes gentil avec votre conjoint, vous faites des dépôts sur son compte bancaire émotionnel. Plus vous faites de dépôts émotionnels sur le compte bancaire émotionnel de votre conjoint, plus votre relation sera *riche*. À l'inverse, essayer d'obtenir plus que ce que l'on donne mène la relation à la faillite.

Alors, où en êtes-vous dans vos dépôts sur le compte bancaire émotionnel de votre conjoint ? Êtes-vous le plus souvent gentil, patient, solidaire, encourageant et indulgent ? Ou bien vous montrez-vous cynique, impatient, critique, exigeant, difficile et blessant ?

Peu importe quelles sont vos difficultés relationnelles au sein de votre couple, vous pouvez changer les choses si vous prenez la décision de faire les choses différemment. Plutôt que d'aborder votre mariage sous l'angle de ce que vous pouvez obtenir, commencez à regarder ce que vous pouvez donner. Puis regardez le compte bancaire émotionnel de votre conjoint grandir et grandir jusqu'à ce que votre relation soit débordante de bonne volonté l'un vis-à-vis de l'autre.

Les six comportements suivants peuvent aider n'importe quel couple à remettre le compte bancaire émotionnel de leur mariage dans le vert. Les couples disposés à essayer au moins l'une de ces suggestions verront probablement leur relation s'améliorer immédiatement :

Arrêtez de qualifier votre mariage de dysfonctionnel !

Le cerveau humain est fait pour croire ce qu'on lui dit. Si vous continuez à dire que votre mariage est dysfonctionnel, vous commencerez à le croire. Nous aimons inviter les gens à se demander : « Est-ce que j'ai un bon mariage avec quelques dysfonctionnements, ou est-ce que j'ai un mariage pitoyable avec quelques bons moments ? » Cela ressemble à la question proverbiale : « Le verre est-il à moitié plein ou à moitié vide ? » Les couples disposés à trouver le bon côté de leur mariage et de leur conjoint seront en mesure de résoudre plus facilement les conflits et de jouir d'une relation conjugale plus satisfaisante. Alors, commencez par vous dire que votre mariage est formidable, et vous et votre conjoint allez commencer à le croire.

La vérité est que n'importe quel mariage peut être restauré si le couple y croit et veut s'engager à le rendre plus solide. La Parole de Dieu dit la vérité quand elle déclare : « Si tu peux... tout est possible à celui qui croit » (Marc 9.23).

Priez de tout votre cœur
pour votre mariage et votre conjoint

Dieu, le Créateur, a inventé le mariage. Par conséquent, il est non seulement sage mais essentiel de le garder au centre de votre mariage. Mais il ne s'agit pas de faire cela pour la forme ; il s'agit vraiment d'établir et de cultiver une relation sincère avec Dieu et de reconnaître constamment sa présence en tant qu'individus, et aussi en tant que couple. Demandez à Dieu de restaurer votre mariage, puis attendez-vous à un miracle. Dieu « par la puissance qui agit en nous, peut faire infiniment au-delà de tout ce que nous demandons ou pensons » (Éphésiens 3.20). Nous disons aussi aux couples que s'ils croient que Dieu est présent pendant qu'ils se parlent, diraient-ils vraiment certaines des choses qu'ils se disent ? Ou seraient-ils plus enclins à vouloir impressionner Dieu en lui montrant combien ils sont gentils, patients, pleins d'amour et prêts à pardonner ? Et surtout, alors que vous demandez chaque jour à Dieu de pardonner vos péchés et de vous bénir en vous accordant sa grâce et sa miséricorde, comment pouvez-vous ne pas accorder ces choses à votre conjoint ? Dieu promet que si nous le cherchons humblement quand nous prions, il nous entendra, nous pardonnera, et guérira nos faiblesses (voir 2 Chroniques 7.14).

Apprenez et pratiquez des techniques de communication efficaces

Cela peut sembler vraiment évident et instinctif. Mais en vérité, ce n'est pas inné, ni facile du tout. Alors que nous avons tous appris à communiquer depuis notre naissance, la plupart d'entre nous ont développé des méthodes de communication imparfaites ou incorrectes. Nous avons appris à communiquer dans nos familles d'origine et nous introduisons ces modèles, bons et mauvais, dans notre mariage. En outre, ce qui a bien fonctionné dans nos foyers ou avec nos amis, peut ne pas fonctionner dans notre mariage, avec notre conjoint. Chaque partenaire doit être prêt à faire des ajustements dans sa façon de communiquer de manière à améliorer la qualité de la relation. Au sein d'un couple, la plupart des désaccords surviennent parce que chaque conjoint parle plus fort que l'autre mais aucun des deux ne s'arrête pour écouter les besoins, désirs et blessures de l'autre.

Bon nombre des problèmes qui surgissent dans le mariage ne sont pas vraiment des problèmes. La plupart pourraient être résolus si les conjoints prenaient le temps de s'écouter l'un l'autre en cherchant vraiment à se comprendre. Nous revenons à la sagesse dont parle Jacques 1.19, qui consiste à être prompt à écouter, lent à parler, et lent à se mettre en colère.

Découvrez ce que votre conjoint aime et faites-le, et continuez à le faire, et découvrez ce que votre conjoint n'aime pas et arrêtez de le faire !

Avant le mariage, les partenaires s'évertuent à montrer le meilleur d'eux-mêmes, en s'efforçant d'être le meilleur copain ou la meilleure copine. Ils font tout leur possible pour découvrir ce que l'autre aime, pour combler les désirs de son cœur. Après le mariage et la lune de miel, cependant, ils pensent qu'ils n'ont plus besoin de faire des choses spéciales l'un pour l'autre. Bien sûr, ce changement fait que votre conjoint ne se sent pas apprécié à sa juste valeur. C'est à ce moment-là que vous entendez les gens dire qu'ils ont épousé la mauvaise personne. Ce n'est pas tellement qu'ils ont épousé la mauvaise personne. C'est que chacun a juste cessé d'être la bonne personne. Pour aggraver les choses, ils commencent à s'irriter l'un l'autre en faisant les choses qu'ils savent que l'autre déteste.

Si les couples utilisaient la règle d'or de Matthieu 7.12 : « Tout ce que vous voulez que les hommes fassent pour vous, vous aussi, faites-le de même pour eux », ils verraient vraiment leur mariage s'épanouir de façon exponentielle.

Pardonnez souvent

Dans le mariage, la relation la plus intime qui soit, les couples s'infligeront parfois des blessures[*]. Ainsi, les partenaires devront apprendre à se pardonner l'un l'autre. Parfois, un partenaire blesse l'autre de façon non intentionnelle. Il y a aussi des moments où les couples se blessent mutuellement en disant des choses offensantes et désagréables pour se venger d'une souffrance subie. Certaines blessures peuvent être facilement ignorées, d'autres sont un peu plus difficiles à pardonner et d'autres encore laissent des cicatrices profondes et durables.

Pardonner à une personne qui vous a fait du mal est la partie la plus difficile de l'amour, et pourtant, vous ne pouvez pas continuer à aimer vraiment sans le faire. Le pardon ne consiste pas à se laisser piétiner comme un paillasson, à décharger les autres de leur responsabilité, ou simplement à oublier. Pourtant, pardonner aide réellement à entamer le processus de guérison de vos blessures et du besoin de vouloir punir l'autre. Cela vous pousse aussi à réparer la fracture dans la relation. Et, grâce à la puissance de Dieu, vous serez en mesure d'offrir le don du pardon à votre conjoint. Romains 5.8 nous dit : « Dieu prouve son amour envers nous : lorsque nous étions encore pécheurs, Christ est mort pour nous ».

Riez beaucoup

Le vieil adage : « Le rire est un bon remède » est toujours vrai aujourd'hui. En fait, la recherche médicale a découvert que le rire avait des bienfaits physiologiques et neurologiques. Le rire réduit le stress, stimule le système immunitaire, réduit la tension artérielle, sédimente les couples et apporte de la fraîcheur à la relation. Nous disons aux couples de trouver des choses qui les font rire et de cesser de stresser pour des petites choses. Encore une fois, bon nombre de problèmes rencontrés par les couples dans leur mariage sont simplement des idiosyncrasies. Néanmoins, eux aussi peuvent apprendre à rire des malentendus involontaires. Proverbes 17.22 nous dit : « Un cœur joyeux est un bon remède, mais un esprit abattu dessèche les os ».

Conclusion

Le mariage est à la fois merveilleux, génial et difficile. Merveilleux et génial parce qu'il a été conçu par le Créateur pour que nous reflétions son image.

Difficile parce qu'il réunit deux êtres humains faillibles, imparfaits et égoïstes, qui deviennent encore plus imparfaits et égoïstes une fois mariés. Les couples mariés doivent faire face à cette réalité et travailler ensemble en tant que coéquipiers et amis. Ensemble, nous devons combattre l'ennemi qui menace de détruire notre unité en tant que couples et notre unité avec Dieu.

---

*Nous ne parlons pas ici de la souffrance due à l'abus. Si vous subissez des abus physiques ou émotionnels dans votre couple, veuillez demander l'aide d'un conseiller ou d'un pasteur qualifié. Sans aide, les choses s'aggraveront probablement. Pour plus d'informations, consultez Adventist Family Ministries [Ministères adventistes pour la famille] sur http://www.family.adventist.org.

3

Réussir dans notre rôle de parents

ÉLEVER DES ENFANTS AUJOURD'HUI est plus difficile que jamais. Il est d'autant plus urgent de façonner le caractère des enfants que ceux-ci sont quotidiennement confrontés à des valeurs qui semblent opposées à celles de leurs parents. Aujourd'hui, les enfants sont bombardés de toutes sortes de messages par le biais des médias, d'internet, d'autres adultes et de leurs camarades. Ces messages confus les conduisent sur une voie qui les désensibilise à de nombreux maux de la société tels que la violence, l'immoralité, les abus et la discrimination.

Les statistiques sur l'homicide des adolescents, le harcèlement à l'école, les fusillades dans les écoles, les suicides et l'abus de drogues et d'alcool reflètent des changements importants dans la nature de l'enfance. Par conséquent, il est beaucoup plus difficile pour les enfants d'apprendre les rudiments du contrôle de soi, de l'estime de soi et de l'empathie envers les autres. Les enfants d'aujourd'hui sont plus sujets à la dépression, à l'anxiété et au comportement impulsif. En même temps, une pression économique plus forte s'exerce sur les parents, qui travaillent plus dur et plus longtemps, ce qui leur laisse moins de temps à consacrer à leurs enfants.

Malgré ces défis, les parents demeurent la meilleure protection contre les comportements à risque tels que la consommation de drogues et d'alcool, les relations sexuelles avant le mariage et les troubles alimentaires. Les parents qui, chaque jour, jouent un rôle actif dans l'éducation de leurs enfants auront finalement la joie de voir ces derniers devenir des adultes sains et responsables. Bien que la parentalité ne soit pas une science exacte et qu'il n'y ait aucune garantie, les parents qui passent le maximum de temps avec leurs enfants seront plus susceptibles d'exercer une influence sur eux et de les préparer à la vie adulte.

Il y a des moments où la parentalité semble être une tâche insignifiante, surtout quand on passe son temps à changer les couches, essuyer la bave ou négocier un couvre-feu et le nettoyage d'une chambre. nt, la parentalité est l'une des tâches les plus importantes et les plus stimulantes qui aient été confiées aux êtres humains. Considérez tout ce qu'implique l'éducation d'un enfant, pour faire en sorte qu'il devienne, non pas simplement obéissant mais mature et qu'il acquière une saine estime de soi, sache gérer ses émotions et soit capable d'avoir de bonnes relations avec les autres. La parentalité est d'une importance capitale.

Bien sûr, il n'y a pas de parents parfaits. Cependant, par la grâce de Dieu, nos enfants peuvent grandir et devenir des gens bien, même s'ils ont eu des parents loin d'être parfaits. Dans le même ordre d'idée, les parents ne devraient pas s'attendre à ce que leurs enfants soient parfaits non plus. Dans la suite de ce chapitre, nous vous indiquerons comment établir une base solide pour pouvoir élever un enfant avec succès.

Nous avons dit plus tôt que, bien qu'il n'y ait aucune garantie en matière de parentalité, les parents peuvent faire des choses pour augmenter leurs chances de succès dans cette tâche importante. Puisque le principal objectif de la parentalité est d'éduquer les enfants afin qu'ils acquièrent de la maturité et deviennent des adultes responsables, il est important que les parents comprennent leurs valeurs et comment ils peuvent les transmettre à leurs enfants.

Commençons par comprendre ce que sont *les valeurs*. Les valeurs sont des croyances importantes partagées par les membres d'une culture ou d'une famille à propos de ce qui est bien et de ce qui ne l'est pas. Les valeurs exercent une influence majeure sur le comportement d'un individu et servent de règles ou de lignes de conduite dans toutes les situations. Certaines des valeurs morales fondamentales sont l'honnêteté, l'intégrité, le respect et la responsabilité.

Le caractère est la façon dont les valeurs sont mises en œuvre.

Le caractère, ce n'est pas ce que nous disons, c'est ce que nous sommes. C'est ainsi que nous vivons nos valeurs. Donc, si vous dites à un enfant que l'honnêteté est une valeur importante dans votre maison, mais que vous lui dites de dire à la personne qui appelle au téléphone que vous n'êtes pas à la maison alors que, de toute évidence, vous y êtes, votre enfant intériorisera que l'honnêteté n'est pas une valeur importante. Le caractère s'observe dans le comportement d'une personne. Rappelez-vous, les valeurs sont nos croyances – c'est plus philosophique – tandis que le caractère est actif.

Le caractère est constitué des valeurs fondamentales que nous avons mentionnées plus tôt : l'honnêteté, le respect, la gentillesse, l'empathie et la responsabilité. Lorsque ces qualités font partie du caractère d'une personne, on peut s'attendre à les voir se manifester constamment dans le comportement de cette personne. Lorsque ces valeurs deviennent partie intégrante du caractère d'un enfant, vous ne vous attendriez pas à ce que cela change lorsque l'enfant interagit avec des personnes différentes ou dans des situations différentes.

Encore une fois, parce que personne n'est parfait, il se pourrait qu'il y ait des moments où votre enfant ne manifeste pas ces traits de caractère. Cependant, plus vos valeurs préférées sont fortes, plus elles s'imprègneront dans le caractère de votre enfant. Par conséquent, les parents doivent aussi s'efforcer de vivre selon ces valeurs. Sur ce point, quelqu'un a dit un jour que vos enfants pourraient ne pas faire ce que vous dites car ils sont plus susceptibles de faire ce qu'ils vous voient faire.

L'expression « intelligence émotionnelle » est devenue l'une des expressions les plus populaires du nouveau millénaire. En fait, les psychologues ont découvert que l'intelligence émotionnelle, ou QE, est un meilleur indicateur du succès que le QI. Ils ont découvert que le QE mène au bonheur dans tous les aspects de la vie : travail, carrière et relations. Alors, qu'est-ce que l'intelligence émotionnelle, ou QE ? Le QE est la capacité à contrôler ses émotions.

C'est être conscient de ses émotions et avoir la capacité de les gérer, même dans les situations les plus stressantes.

Le Dr John Gottman, un psychologue de premier plan qui a fait des recherches approfondies sur le mariage et la parentalité, pense que les parents doivent s'impliquer dans les sentiments de leurs enfants. Les parents doivent devenir des coaches émotionnels. Les parents devraient utiliser les émotions négatives et positives comme des occasions d'enseigner à leurs enfants des leçons importantes sur la vie et d'établir une relation plus étroite avec eux. Le Dr Gottman précise que le coaching émotionnel ne signifie pas pour les parents de laisser tomber la discipline, mais cela doit les aider à avoir des interactions parents-enfants plus réussies*.

Les parents peuvent devenir les coaches émotionnels de leurs enfants en suivant les étapes suivantes :

1. Prenez conscience des émotions de votre enfant. Toutes les émotions sont pour vous des occasions de nouer une relation plus étroite avec votre enfant et de lui enseigner quelque chose.
2. Écoutez votre enfant avec attention. Les parents doivent apprendre à écouter leurs enfants et à valider leurs sentiments. Votre attitude envers vos enfants est essentielle si vous voulez les aider

à devenir des adultes émotionnellement intelligents et responsables. Assurez-vous que votre langage n'est pas critique, plein de jugement et de blâme.
3. Aidez vos enfants à mettre des mots sur leurs émotions. Parfois, votre enfant crie, frappe ou piétine, ce qui est normalement interprété comme de la colère. Cependant, la plupart du temps, ces accès de colère ne sont que des expressions de ce que votre enfant ressent vraiment. Au lieu de vous mettre en colère contre lui et de crier, demandez-lui ce qu'il ressent et proposez-lui des mots tels que *triste, frustré, embarrassé, timide, contrarié*.
4. Fixez des limites tout en explorant les solutions pouvant être apportées au problème en question. Les enfants ont besoin de parents qui établissent des limites claires adaptées à leur âge. Ils s'appuient sur ces lignes pendant leur enfance et leur adolescence. Les enfants commencent à demander de l'indépendance très tôt. Cependant, les parents qui leur donnent une indépendance sans limites ne leur rendent pas service. Au contraire, cela cause des dommages et de l'insécurité. D'un autre côté, un parent qui contrôle trop et ne permet pas à l'enfant d'avoir une certaine indépendance nuit à son développement.

Les enfants doivent être respectés, reconnus comme ayant un point de vue et avoir la possibilité de faire des choix.

Connaître les valeurs, le caractère et l'intelligence émotionnelle est une chose, mais comment les parents peuvent-ils aider leurs enfants à passer de la pensée à l'action ? Comment les aidons-nous à transformer des mots comme *générosité, gentillesse, prévenance, sensibilité, pardon et compassion* en actions ? Les enfants n'acquièrent pas une intelligence émotionnelle ou un bon caractère par la mémorisation de règles. Une liste de qualités et de vertus sera aussi vite oubliée qu'elle a été mémorisée ; mais quand les enfants mettent en pratique ce qu'ils ont appris, les concepts deviennent une partie d'eux. Alors que les valeurs sont intériorisées, la bonté devient une partie de l'identité de votre enfant.

Pour réussir, les parents doivent comprendre plusieurs évidences et les appliquer à leur relation avec leurs enfants. En tant que parents, vous devez d'abord et avant tout comprendre que le respect de soi, des autres et du Créateur de l'univers est au cœur de la moralité. En tant que parent, vous devez respecter vos enfants et attendre d'eux qu'ils vous respectent en retour. Si vous voulez élever des enfants responsables qui auront vos valeurs, vous devez les traiter comme des êtres humains.

3. Réussir dans notre rôle de parents

Parents, rappelez-vous que les actions parlent plus fort que les mots. Les enfants observent tout ce que font leurs parents. Ils enregistrent et plus tard imitent la façon dont vivent et se comportent les adultes importants dans leur vie, et comment ils traitent ceux qui les entourent. La modélisation est un enseignant très efficace. Mais rappelez-vous, la modélisation n'est pas la perfection. C'est laisser vos enfants voir votre engagement envers les idéaux moraux ou les idéaux chrétiens. C'est également modéliser ce que les personnes morales font lorsqu'elles ont fait une erreur. C'est dire que vous êtes désolé. C'est parler à vos enfants de vos luttes pour *vivre* ce que vous *croyez*. Si vous êtes chrétien et que vous croyez en Christ, il est essentiel que vous montriez à vos enfants comment vivre comme le Christ a vécu lorsqu'il était sur terre.

Les parents doivent faire en sorte que leurs valeurs soient vues et entendues. Comme le dit le vieil adage : « Nous devons non seulement mettre en pratique ce que nous prêchons, mais prêcher ce que nous mettons en pratique ». Les enfants ont besoin de nos paroles, comme de nos actions. Pour un effet optimum, non seulement ils doivent connaître les valeurs, mais ils ont également besoin de connaître les raisons et croyances qui se cachent derrière. Les parents doivent guider, instruire, écouter et conseiller.

Faites de l'amour la base sur laquelle vous construisez chaque aspect de votre relation avec vos enfants. Le Nouveau Testament dit : « Dieu est amour » (1 Jean 4.16). C'est l'amour de Dieu que nous reflétons à nos enfants. Les enfants ont besoin d'être enracinés et fondés dans l'amour, le genre d'amour que Dieu nous témoigne : un amour inconditionnel. Cet amour qui ne demande rien en retour. Ce genre d'amour aide nos enfants à développer une conception de soi positive, un sentiment de valeur, une force intérieure. L'amour dont nous parlons est actif, pas passif.

Dans la parentalité, *l'amour* se traduit par une attention sincère, du temps accordé, du soutien, de la communication, des liens et de l'engagement. Cet amour authentique et actif vous lie à vos enfants. Ce genre d'amour apprend aux enfants à s'aimer eux-mêmes et à aimer les autres. Les enfants, ou les adultes, qui ne se sentent pas aimés ont beaucoup de mal à s'aimer eux-mêmes, et à leur tour, ils ont de la difficulté à aimer les autres. Les enfants ont besoin de savoir qu'ils sont écoutés et qu'ils sont suffisamment importants pour que vous concentriez toute votre attention sur ce qu'ils ont à dire. Cela leur permet de se sentir aimés.

Il n'y a pas de raccourcis dans la parentalité, pas même pour les parents occupés. La *qualité* du temps ne compense pas sa petite *quantité*. Les familles épanouies organisent leur emploi du temps, aussi rempli et trépidant qu'il soit, pour passer du temps ensemble à manger, travailler et jouer. La ligne de fond est la suivante : la parentalité prend du temps.

Les parents doivent encourager leurs enfants à essayer de nouvelles choses en favorisant l'attitude je-peux-le-faire. Vous devez apprendre à célébrer les succès et à reconsidérer *les échecs* comme de *simples tests qui nous renseignent sur ce qui ne marche pas*. Un enfant qui reçoit beaucoup plus d'éloges et d'appréciation que de critiques et de blâmes grandira en ayant une image de soi positive. Les parents qui soutiennent leurs enfants les aident à se sentir des personnes capables et compétentes qui peuvent défendre ce qui est juste et n'ont pas besoin de l'approbation du groupe à n'importe quel prix.

Les enfants qui se sentent soutenus sont moins sensibles aux pressions négatives de leurs camarades.

L'amour et les limites vont de pair. Ces deux facteurs sont les indicateurs les plus significatifs du type de parentalité qui produit les enfants les plus susceptibles d'intégrer les valeurs de leurs parents et d'établir des relations chaleureuses et positives avec autrui. En fin de compte, les enfants ont surtout besoin de savoir qu'il n'y a rien qu'ils puissent dire, faire ou être qui risque de les exclure du cercle d'amour de leurs parents.

Lorsque les parents jettent les bases pour favoriser le développement positif et sain de leurs enfants, ces derniers auront de plus grandes chances de devenir les personnes que Dieu veut qu'ils soient. Vos enfants seront en mesure de faire les bons choix face à des décisions difficiles ; ils ne seront pas facilement influencés par l'opinion des autres. Ils découvriront qu'un caractère fort associé à l'intelligence émotionnelle est bénéfique non seulement pour eux personnellement, mais également pour la famille, l'église et la société dans son ensemble, car ils auront reçu les bases essentielles pour mener une vie saine.

---

*John M. Gottman et Joan DeClaire, *Raising an Emotionally Intelligent Child : The Heart of Parenting* [Élever un enfant émotionnellement intelligent : le cœur de la parentalité], Fireside, New York, 1998, p. 27.

4

Roc ou sable ?

Lors d'un récent voyage en Côte d'Ivoire pour des réunions avec des dirigeants de nos réseaux d'Afrique de l'Ouest, notre vol de Paris à Abidjan a été retardé de quelques heures. Le rendez-vous avec le chauffeur qui devait nous prendre à l'aéroport ayant été fixé à 23h, ce retard signifiait pour lui que la soirée serait très longue et la nuit très courte.

Pour aggraver les choses, au lieu de rattraper notre retard, ce qui arrive souvent sur les vols retardés, notre escale à Ouagadougou, la capitale du Burkina Faso, a tourné au désastre. Un passager qui s'était embarqué à Paris, en direction d'Abidjan, n'a pu être retrouvé, ce qui a provoqué l'inquiétude de l'équipage et retardé encore davantage notre arrivée à Abidjan. Ces aléas nous ont un peu inquiétés. En effet, nous nous demandions si notre chauffeur, que nous ne connaissions pas et n'avions jamais rencontré, serait toujours à l'aéroport quand nous arriverions aux petites heures du matin.

Heureusement, l'histoire s'est bien terminée. Nous sommes convaincus que c'est parce qu'une personne a inculqué de grandes valeurs à Charles, notre chauffeur. Ce jour-là, nous avons eu une démonstration incroyable d'intégrité, d'honneur et d'éthique professionnelle.

Charles était à l'aéroport pour nous accueillir comme si nous étions au beau milieu de l'après-midi. D'une nature très aimable et agréable, il nous a conduits en toute sécurité à notre lieu d'hébergement. Il était trois heures du matin. Il n'y a aucun doute dans notre esprit : le caractère de Charles s'est édifié sur la base établie par ses parents ou tuteurs et sur son engagement à obéir aux valeurs apprises dans son enfance.

Voici ce que Jésus a déclaré dans Matthieu 7.24-27, dans son Sermon sur la montagne :

> « Ainsi, quiconque entend de moi ces paroles et les met en pratique sera semblable à un homme prudent qui a bâti sa maison sur le roc. La pluie est tombée les torrents sont venus, les vents ont soufflé et se sont portés sur cette maison : elle n'est pas tombée, car elle était fondée sur le roc. Mais quiconque entend de moi ces paroles, et ne les met pas en pratique sera semblable à un homme insensé qui

a bâti sa maison sur le sable. La pluie est tombée, les torrents sont venus, les vents ont soufflé et se sont abattus sur cette maison : elle est tombée et sa ruine a été grande. »

Ces paroles concluaient le discours de Jésus sur l'éthique du royaume de Dieu et sur ses attentes vis-à-vis de ceux qui seraient ses disciples et de tous ceux qui choisiraient de vivre une vie droite fondée sur des valeurs éternelles.

La vérité est que le même danger existe encore aujourd'hui. Beaucoup de personnes, y compris des chrétiens, sont convaincues d'être de bonnes personnes, juste parce qu'elles approuvent certaines croyances spirituelles. Mais elles n'ont pas intégré dans leur vie quotidienne les valeurs contenues dans les enseignements de Jésus. Et parce qu'elles n'ont pas vraiment pris ces principes fondamentaux comme base morale pour leur vie, elles n'ont pas reçu la force et la grâce que l'on reçoit lorsqu'on s'engage à faire ce que Dieu demande pour que l'on jouisse d'un bonheur plus grand.

Chose intéressante, la vie de famille et la vie chrétienne ne sont pas très différentes, vues sous le même angle. Savoir ce que Dieu attend et faire ce qu'il exige sont deux réalités totalement différentes.

Au cœur du Sermon sur la montagne, le caractère sacré du mariage occupe une place importante. Matthieu 5.27,28 déclare : « Vous avez entendu qu'il a été dit : Tu ne commettras pas d'adultère. Mais moi, je vous dis : Quiconque regarde une femme pour la convoiter a déjà commis adultère avec elle dans son cœur. » Plus loin, l'auteur de la Bible explique l'intention que renferme ce passage en affirmant, verset 32 : « Mais moi, je vous dis : Quiconque répudie sa femme, sauf pour cause d'infidélité, l'expose à devenir adultère, et celui qui épouse une femme répudiée commet un adultère. »

En référence à ce qui se passe dans tout mariage sain, Paul déclare sous l'inspiration divine dans 1 Corinthiens 13.1-8 :

> « Quand je parlerais les langues des hommes et des anges, si je n'ai pas l'amour, je suis du bronze qui résonne ou une cymbale qui retentit. Et quand j'aurais le don de prophétie, la science de tous les mystères et toute la connaissance, quand j'aurais même toute la foi jusqu'à transporter des montagnes, si je n'ai pas l'amour, je ne suis rien. Et quand je distribuerais tous mes biens pour la nourriture des pauvres, quand je livrerais même mon corps pour être brûlé, si je n'ai pas l'amour, cela ne me sert de rien.
>
> L'amour est patient, l'amour est serviable, il n'est pas envieux ; l'amour ne se vante pas, il ne s'enfle pas d'orgueil, il ne fait rien de malhonnête,

il ne cherche pas son intérêt, il ne s'irrite pas, il ne médite pas le mal, il ne se réjouit pas de l'injustice, mais il se réjouit de la vérité ; il pardonne tout, il croit tout, il espère tout, il supporte tout. »

« L'amour est éternel » (verset 8, BFC).

Beaucoup ont aujourd'hui oublié que le mariage a été établi par Dieu au tout début de l'histoire humaine comme une institution divine d'importance primordiale, lorsque Dieu a dit dans Genèse 2.18 : « Il n'est pas bon que l'homme soit seul ». Quelques versets plus tard, il déclare : « C'est pourquoi l'homme quittera son père et sa mère et s'attachera à sa femme, et ils deviendront une seule chair » (verset 24).

Et de peur que certains ne pensent que c'est une notion de l'Ancien Testament qui ne s'applique plus à nous aujourd'hui, le Nouveau Testament répète ce texte trois fois de plus, dans Matthieu 19.5, Marc 10.7,8 et Éphésiens 5.31, pour que l'intention de Dieu au sujet du mariage soit bien claire : que cette relation soit la plus proche et la plus intime de toutes les relations humaines.

Ces passages bibliques sont remplis de preuves irréfutables, dont le fait que les mots « mari » et « femme » sont au singulier et non au pluriel. Le commandement biblique normatif est que le mariage doit avoir lieu entre un homme et une femme. En effet, il est dit dans 1 Corinthiens 7.2 : « Toutefois, à cause des occasions d'inconduite, que chacun ait sa femme, et que chaque femme ait son mari. » Tout ce qui est ajouté ou retranché est d'origine humaine et n'est pas conforme au modèle établi par Dieu en Éden. Bien sûr, il est difficile de passer outre ce détail : que l'intention de Dieu pour le mariage était qu'il dure pour la vie.

Indéniablement, Dieu a créé le mariage et la famille pour qu'ils soient une bénédiction et une joie pour les êtres humains. L'unité mentionnée dans Genèse 2.24 était destinée à remédier à la solitude ressentie par l'homme dans Genèse 2.18,20. Cette unité était censée être une bonne chose. Et pourtant, tout ce que Dieu a créé pour notre bien, le mal essaie de le détruire. Ce mal, fomenté et encouragé par Satan, semble parvenir à ses fins avec l'aide de nombreux maris et femmes qui ont totalement perdu de vue l'objectif de Dieu pour le mariage.

En considérant les solides principes de moralité et de savoir-vivre mis en évidence dans la sagesse de la littérature biblique, vous devez vous demander si vous bâtissez votre mariage et votre famille sur le roc ou sur le sable. Si vous vous contentez de faire de beaux discours mais que vous ne marchez pas sur la bonne voie, n'êtes-vous pas en train de vous duper vous-mêmes et de passer à côté de la joie, de la paix et des bénédictions que Dieu souhaite pour vous à travers votre mariage et votre vie de famille ?

4. Roc ou sable ?

Alors que nous avons tendance à oublier que le plan de Dieu est parfait et qu'il a été créé en vue de notre bien-être, il est important que nous décidions personnellement d'aller à Dieu pour apprendre de lui et recevoir sa force afin de pouvoir suivre ses plans pour nos vies. Parce que chaque crise dans le mariage et la famille est une crise spirituelle qui ne peut être résolue que par la puissance de Dieu. Quand vous mettez en pratique les enseignements qu'il vous a laissés, vous bâtissez votre mariage et vos relations familiales sur une base solide, plutôt que sur le sable. Nous savons également que chaque crise dans le mariage et la famille est une opportunité de croître, et aujourd'hui, vous avez l'opportunité de croître.

Pour former un couple et une famille heureux, il est important d'avoir une excellente communication. Souvent, nous ne réussissons pas à avoir de bonnes relations à cause des habitudes contractées dans nos familles d'origine. Nous nous accordons une licence morale en disant : « C'est ainsi que je suis, tu m'aimes ou tu me quittes. Je suis une bonne personne. Je fais du bénévolat pour distribuer des repas aux sans-abri et je participe à de nombreuses œuvres de bienfaisance. »

Revenons à l'enseignement du Sermon sur la montagne qui dit : « Ainsi, quiconque entend de moi ces paroles et les met en pratique sera semblable à un homme prudent qui a bâti sa maison sur le roc » (Matthieu 7.24). Donc, si votre mariage et vos relations familiales ne sont pas au beau fixe, que pouvez-vous changer dans votre comportement actuel afin d'être une bénédiction pour votre conjoint et votre famille ? Si vous pensez qu'il est trop difficile de changer, souvenez-vous qu'avec Dieu, tout est possible, et il vous aidera, si vous désirez avoir de meilleures relations.

Bâtir votre mariage et vos relations familiales sur le roc signifie mettre en pratique les enseignements éthiques de Jésus-Christ, ce qui vaut mieux que de bâtir vos relations familiales sur le sable de vos propres opinions ou de celles offertes par la morale permissive de notre temps.

5

Devenir des alliés intimes

Il y a plusieurs années, nous avons trouvé une citation d'un auteur inconnu qui disait : « Se marier est facile. Rester marié est plus difficile. Rester marié et heureux pendant toute une vie devrait être considéré comme un exploit. »

Il ne faut pas être un génie pour accepter la réalité de cette déclaration. Si vous regardez simplement les gens autour de vous, ceux que vous côtoyez chaque jour, vous réaliserez rapidement à quel point cette affirmation est vraie.

Même si vous n'êtes marié que depuis quelques mois, vous avez déjà constaté combien il est difficile de rester marié, et encore plus de rester marié et heureux ! Alors, comment faites-vous pour établir et entretenir une relation intime avec votre conjoint afin de devenir des alliés ?

Lorsque nous faisons référence à l'intimité ici, ce n'est probablement pas celle à laquelle la plupart d'entre vous pensent en ce moment. L'intimité dont nous parlons est simplement une proximité que chaque couple marié doit avoir : une proximité émotionnelle, financière, spirituelle et intellectuelle. Alors que l'intimité physique est très importante dans le mariage, si un couple marié n'atteint pas l'intimité dont nous parlons ici, il se peut qu'il ne connaisse jamais vraiment l'intimité nécessaire pour aller loin dans le mariage. Nous avons trouvé, il y a longtemps, cette définition de l'*intimité* dans le mariage : « Lien affectueux, dont les éléments qui le composent sont faits de soins mutuels, de responsabilité, de confiance, d'une communication franche des sentiments et sensations, ainsi que d'un libre échange d'informations sur des événements significatifs »[1].

D'après le dictionnaire, la définition du mot *allié* est simplement « uni par traité, mariage, affinité ». Un autre sens est : « Personne qui, par sympathie, communauté d'idées, d'intérêts… apporte son soutien, son concours ».

Par conséquent, ce chapitre traite de l'établissement d'une relation proche avec votre conjoint et qui vous unit à lui. Les personnes mariées alliées sont très proches émotionnellement, financièrement, spirituellement et intellectuellement ; et elles ont tendance à se soutenir mutuellement lorsqu'elles doivent faire face à une force ou à une personne extérieure.

Ellen White, une écrivaine chrétienne prolifique du XIXe et du début du XXe siècle, a déclaré ceci : « De quelque soin et de quelque sagesse qu'ait été entouré un mariage, peu de couples connaissent une harmonie parfaite dès les premiers jours de leur vie à deux. L'union réelle ne se produit que dans les années qui suivent »[2].

La vérité sur le mariage est que peu importe combien de temps deux personnes se sont connues avant de se marier ou à quel point elles semblent compatibles, parce que nous sommes tous pécheurs et fondamentalement égoïstes, notre relation conjugale évoluera naturellement vers une aliénation et une séparation.

La bonne nouvelle, cependant, est que les maris et les femmes peuvent devenir des alliés intimes. Nos mariages peuvent grandir. Nous devons faire des choix. Nous pouvons apprendre à vivre avec ce qui ne va pas – ce qui conduit finalement au mépris, au ressentiment et à l'isolement – ou nous pouvons nous battre pour réussir notre mariage.

Le meilleur choix à faire pour devenir des alliés intimes est de prendre la résolution de communiquer tous les jours par la puissance de Dieu. Puisque le mariage est l'idée de Dieu, et qu'il veut que cette relation soit une bénédiction pour nous, pour nos familles, nos quartiers et le monde entier, nous devons avoir la certitude qu'il nous donnera le désir et la force de cultiver la bonté et la patience qui nous permettront d'avoir une vie conjugale heureuse.

Après tout, le Nouveau Testament nous dit dans Matthieu 19.26 : « Aux hommes cela est impossible, mais à Dieu tout est possible ». Ainsi, nous devons apprendre à faire confiance à Dieu afin qu'il puisse nous aider à avoir le genre de relation conjugale qu'il souhaite pour nous.

En regardant une définition biblique de l'intimité – la proximité dont nous parlons – l'Ancien Testament dit dans Genèse 2.25 : « L'homme et sa femme étaient tous les deux nus et n'en avaient pas honte ». C'est beaucoup plus que la nudité physique : c'est la nudité émotionnelle, financière, spirituelle et intellectuelle.

Être des alliés intimes signifie donc être si émotionnellement, financièrement, spirituellement et intellectuellement connecté avec votre conjoint que vous êtes « nus et n'en avez pas honte ». Ce concept de nudité signifie qu'il n'y a rien entre vous et votre conjoint. Donc, être émotionnellement, financièrement, spirituellement et intellectuellement nu signifie que vous n'avez rien à cacher à votre conjoint parce que vous êtes transparents l'un avec l'autre, ce qui ne peut se produire que si vous avez établi une relation de confiance entre vous. Essentiellement, cela signifie que vous avez décidé de vous faire confiance, ce qui n'est possible que lorsque chacun a prouvé qu'il était digne de la confiance de l'autre.

Cela nous ramène à l'intention de Dieu pour le mariage, que nous trouvons dans le passage du Nouveau Testament de Matthieu 19.6 : « Ainsi ils ne sont plus deux, mais une seule chair. Que l'homme ne sépare donc pas ce que Dieu a uni ».

L'unité dont la Bible parle dans le texte de la Genèse est vraiment un mystère, en ce sens que deux individus, un mari et une femme, selon le Nouveau Testament (voir 1 Corinthiens 7.2)[3], s'unissent pour former une nouvelle identité. Et pourtant, cela ne signifie pas que l'un des deux doit être absorbé par la personnalité de l'autre. Ce sont plutôt deux personnes distinctes, avec leur personnalité propre, avec leurs goûts et leurs dégoûts, qui ont choisi de devenir un « nous ». Ainsi, quand l'un a mal, l'autre a mal aussi, et quand l'un des deux est heureux, l'autre l'est aussi, parce qu'ils ont choisi de devenir des alliés intimes.

Il n'y a de l'espoir pour les familles d'aujourd'hui que lorsqu'il y a une compréhension claire de ce qui provoque la séparation et l'aliénation dans le mariage, afin que les personnes mariées puissent s'abstenir de ce genre de comportement. Ce que nous savons, d'après des recherches menées sur le mariage, c'est qu'il existe des obstacles qui empêchent les conjoints de devenir des alliés intimes et d'atteindre l'unité nécessaire pour un couple.

Parmi ces obstacles, il y a les comportements comme : 1° l'autoprotection et la peur du rejet ; 2° le péché et l'égoïsme ; et 3° le manque de connaissances.

À cause de ce que nous avons personnellement vécu en grandissant, nous avons souvent tendance à nous protéger et à craindre le rejet chaque fois que quelqu'un a une opinion différente de la nôtre. C'est un signe d'insécurité. Ce comportement, malheureusement, est très commun au sein d'un couple. Bien sûr, nous avons déjà mentionné le fait que nous sommes tous pécheurs. Cette réalité est à la racine de l'égoïsme. Nous voulons que les choses soient exactement comme nous avons dit qu'elles devaient être, parce que nous l'avons décidé ainsi. Dans ces conditions, il est difficile d'avoir une relation intime avec un autre être humain qui peut vous suggérer de faire quelque chose de différent de ce que vous voulez faire. Enfin, nous n'avons simplement pas les connaissances nécessaires pour cultiver une relation intime. Nous ne savons pas communiquer efficacement. Nous ne savons pas gérer les conflits. Nous ne savons pas créer de la proximité dans nos relations. Par conséquent, devenir des alliés intimes est impossible lorsque ces barrières existent dans le couple.

Devenir des alliés intimes signifie incorporer les éléments suivants dans votre relation conjugale. Premièrement, *l'unité,* qui est l'expérience de la chair dont parle la Bible. C'est un contrat d'unité émotionnelle, financière, spirituelle, intellectuelle et physique que tous les couples doivent établir pour réussir. Deuxièmement, *la permanence,* qui est l'engagement de rester marié à votre conjoint jusqu'à la mort. Cela ne signifie pas que Dieu ne vous aime pas si vous divorcez. Dieu vous aime, quel que soit votre état matrimonial. Cependant, Dieu déteste le divorce parce qu'il sépare les individus et leur fait du tort. Toutefois, l'abus et l'infidélité tuent également la permanence du mariage. Donc, ces obstacles doivent être évités à tout prix si vous voulez jouir du genre de relation conjugale que Dieu veut pour vous. Troisièmement, *l'ouverture,* ce qui signifie être transparent avec votre conjoint. C'est une relation ou la honte n'existe pas. C'est un environnement de sécurité et de bien-être parce que le mari et la femme comprennent clairement qu'ils font partie de la même équipe et qu'ils n'ont rien à se cacher l'un à l'autre.

Devenir des alliés intimes, c'est prendre la décision de vous montrer patient et doux avec votre conjoint et de vous protéger l'un l'autre de toute entité étrangère qui cherche à affaiblir et détruire votre relation. Être des alliés intimes, c'est un état d'esprit que vous cultivez tous les jours afin que votre relation puisse vous apporter bonheur, épanouissement et satisfaction.

C'est le genre de relation conjugale que nous souhaitons à tout le monde.

---

1. H. Norman Wright, *The Secrets of a Lasting Marriage* [Les secrets d'un marriage durable], Regal Books, Ventura, Californie, 1995, p. 152.
2. Ellen G. White, *Le foyer chrétien,* chap. 16, p. 100.
3. « Toutefois, à cause des occasions d'inconduite, que chacun ait sa femme, et que chaque femme ait son mari. »

6
Communiquer avec grâce

Les personnes qui font l'effort d'avoir une bonne communication avec leurs proches jouissent d'excellentes relations familiales. Si vous pensez aux membres de votre famille, vous admettrez facilement que ceux que vous aimez le plus sont les personnes avec lesquelles vous vous sentez bien à cause de la façon dont elles vous parlent et vous écoutent.

Un de nos amis nous a raconté ce qui lui est arrivé quand il a voulu se joindre à un groupe de voisins qui couraient cinq kilomètres tous les jours. Après être revenu de son footing, un jour, il s'enthousiasmait sur le fait d'avoir pu parcourir la seconde moitié du trajet plus vite que la première. Parce qu'il était soucieux de retrouver la forme et d'être en meilleure santé, il se sentait bien à cause de ces progrès et il en a fait part à sa femme en rentrant chez lui. Sans réfléchir, celle-ci lui a répondu : « La raison pour laquelle tu as pu courir plus vite durant la seconde moitié du trajet, c'est que la piste est la plupart du temps en descente sur le chemin du retour. »

Le pauvre ! Notre ami a eu l'impression de recevoir un coup de poing dans le ventre. Au lieu d'obtenir l'encouragement qu'il recherchait auprès de sa femme, après avoir investi tant d'énergie dans cet exercice physique, il s'est senti invalidé par la réponse qu'elle lui a faite sans réfléchir.

Sans aucun doute, certaines personnes se sont entendues dire des choses bien pires. Cependant, il est juste de poser la question : avait-elle vraiment besoin de dire cela ? Que ses observations aient été justes ou non, cela n'a aucune importance. Ce que nous savons, c'est que ce type de remarque ne produit jamais rien de positif.

Si vous voulez que vos relations familiales soient saines et positives, il est important d'apprendre à communiquer avec grâce.

Quand nous parlons de *grâce*, nous parlons du concept spirituel qui désigne une faveur imméritée et l'amour librement offert par Dieu aux êtres humains. La grâce est quelque chose que nous ne méritons pas. De la même manière que Dieu pardonne nos faiblesses même si nous ne le méritons pas, communiquer avec grâce signifie parler à quelqu'un d'une manière qu'il ne mérite peut-être pas.

L'Ancien Testament dit dans Proverbes 25.11 : « Des pommes d'or sur des ciselures d'argent, telle est une parole dite à propos ».

C'est ainsi que les familles peuvent se créer une vie commune remplie de paix et de bonheur, en utilisant les mots comme de précieux cadeaux d'or et d'argent qu'ils peuvent s'échanger tous les jours, même quand l'un d'eux ne le mérite pas. Pouvez-vous penser à quelqu'un, dans votre famille, avec qui il vous faut utiliser la grâce dans votre communication ? La plupart d'entre nous peuvent répondre facilement à cette question parce qu'un large pourcentage de la population mondiale a un parent avec lequel les relations sont difficiles.

Dans un chapitre précédent, nous avons mentionné le concept présenté par le Dr Stephen R. Covey : pour avoir une communication efficace, il faut « être proactif ». Cette idée encourage les personnes à vivre dans ce qu'il appelle leur « cercle de contrôle », plutôt que de vivre dans ce qu'il appelle leur « cercle de non-contrôle ». Lorsque vous vivez dans votre cercle de contrôle, vous passez le plus clair de votre temps à contrôler la seule personne que vous pouvez vraiment contrôler, c'est-à-dire vous-même. C'est le contraire de vivre la plus grande partie de votre vie dans votre cercle de non-contrôle, là où l'on essaie de contrôler les autres. Les personnes proactives vivent dans leur cercle de contrôle et sont plus susceptibles de communiquer avec grâce que les personnes qui passent leur vie dans leur cercle de non-contrôle.

La vérité est que vous ne pouvez pas contrôler votre conjoint, vos enfants, vos frères et sœurs, vos parents ou vos proches. Vous ne pouvez vraiment contrôler que vous-même. Donc, quand quelqu'un vous dit quelque chose qui n'est pas très gentil, plutôt que d'utiliser votre énergie pour essayer de changer cette personne, il est beaucoup plus profitable d'utiliser ce temps pour élaborer une réponse de paix et de grâce. Comme nous l'avons déjà dit, entre ce que quelqu'un vous dit et ce que vous lui répondez, il y a un laps de temps. Donc avant de répondre, pendant ce moment, pensez à faire trois choses : faire une pause, réfléchir et choisir.

Quand quelqu'un nous dit quelque chose que nous n'aimons pas, nous avons tendance à réagir rapidement et de la même manière. Cependant, pour communiquer avec grâce, pour répondre à cette personne d'une manière qu'elle ne mérite pas, vous devez être proactif, vivre dans votre cercle de contrôle, *faire une pause*, afin d'avoir le temps de prendre votre souffle avant de dire quelque chose en retour qui fera mal ou aggravera les choses. Pendant ce laps de temps, avant votre réponse, vous devez aussi *penser* à ce que vous ne devriez pas dire et à ce que vous devriez dire pour améliorer les choses. Enfin, vous devez *choisir* la bonne réponse. La bonne réponse est celle qui va calmer les choses au lieu de jeter de l'huile sur le feu. C'est ce que signifie utiliser les mots comme des cadeaux d'or et d'argent.

Les personnes qui réfléchissent peu à l'établissement de relations familiales saines vivent dans leur cercle de non-contrôle. Plutôt que de faire des choix prudents quant à la façon dont elles réagissent dans leur conversation avec les autres membres de la famille, elles reprochent aux autres d'amorcer le conflit et se sentent autorisées à les insulter. Ces personnes réagissent de manière réactive au lieu de faire le choix d'être proactives. Elles ne prennent pas le temps entre ce que dit l'autre et leur réponse et ne mesurent pas les conséquences et l'impact de leur réponse sur leur relation. Par conséquent, elles ne font pas de pause, ne réfléchissent pas, et ne font pas de bons choix pour le bien de leur relation avec les autres membres de la famille.

Les gens nous disent souvent qu'il est trop difficile de vivre en faisant attention à ne pas blesser les sentiments de leurs proches. Ils disent que ce n'est pas normal. Que les gens doivent simplement cesser d'être aussi sensibles. Que la douleur est inévitable lorsqu'on communique avec les autres.

Bien que ce soit vrai à certains égards, on peut comparer les relations familiales, ainsi que les autres relations, à la conduite d'une voiture. Quand nous arrivons à un feu rouge, nous nous arrêtons. Une chose plus naturelle serait de continuer sans s'arrêter pour arriver à destination plus rapidement et sans interruption. Cependant, parce que nous ne sommes pas seuls à conduire sur les routes de nos villes, nous devons veiller à partager la route avec les autres conducteurs, qui vont dans des directions différentes.

Les feux de circulation sont présents pour aider tous les conducteurs à atteindre leur destination en toute sécurité. Si nous sommes assez patients, nous avons tous la possibilité d'arriver à l'endroit où nous devons nous rendre. Si nous ne prenons pas garde aux feux de circulation placés aux endroits stratégiques, nous risquons fort d'entrer en collision

6. Communiquer avec grâce

avec d'autres voitures, de nous blesser et d'en blesser d'autres, voire de provoquer un accident mortel en raison de notre manque d'attention et de notre négligence.

Les relations familiales sont très fragiles et les conversations que vous entretenez dans ces relations nécessitent beaucoup de prudence. Si vous avez l'intention d'être posé et bienveillant dans vos relations familiales, ces choix vous aideront à préserver vos relations et à éviter de blesser les sentiments de vos proches. Dans le cas contraire, votre attitude peut entraîner la mort de la relation.

Alors, quelle est la responsabilité du mari blessé dans ses sentiments ? Est-ce que le fait que sa femme ait dit quelque chose qui lui a fait mal lui donne le droit de lui dire quelque chose en retour pour la blesser ? Bien sûr que non. En fait, c'est l'occasion de communiquer avec grâce, de répondre à sa femme d'une manière qu'elle ne mérite peut-être pas. C'est le vrai sens de la grâce. C'est ici que le mari doit vivre dans son cercle de contrôle et être proactif. C'est ici que le mari peut faire une pause, réfléchir et choisir la bonne réponse, pour garder sa relation conjugale saine et forte, malgré ce qu'a dit sa femme.

Il est vrai que parce que nous sommes tous humains, même sans avoir aucunement l'intention de blesser, nous pouvons dire ou faire quelque chose qui peut faire de la peine. Quand cela arrive, nous avons la possibilité de nous excuser. C'est l'occasion pour nous de vivre dans notre cercle de contrôle et d'assumer la responsabilité de nos actes plutôt que de blâmer l'autre pour sa trop grande sensibilité. C'est là que la femme peut dire à son mari qu'elle est désolée de lui avoir fait de la peine, et que ce n'était pas son intention. C'est là que la femme peut décider de faire une pause, de réfléchir et de choisir la bonne réponse pour contribuer à renforcer et améliorer sa relation avec son mari.

La sagesse du Nouveau Testament est aussi très pratique et utile quand on cherche des moyens efficaces de communiquer avec grâce. Nous avons partagé cela avec vous plus tôt, et nous voulons vous faire part de ce que Jacques 1.19 dit : « Chacun doit être prompt à écouter, mais lent à parler et lent à se mettre en colère » (BFC).

Ainsi, alors que certains pensent que les femmes ou les enfants devraient être les premiers à être prompts à écouter et lents à parler, la Bible, dans sa sagesse, dit que « *chacun* doit être prompt à écouter, mais lent à parler ». Ce qui veut dire que *chacun* dans la famille a la responsabilité de bien communiquer, de communiquer avec grâce. Et souvent, bien communiquer consiste à apprendre à bien écouter pour améliorer toutes nos relations familiales.

7
Aucune excuse pour la violence familiale

En février 2013, des gens du monde entier regardaient la télévision pour entendre le verdict du procès d'Oscar Pistorius, le célèbre coureur des Jeux Paralympiques. Il a été reconnu coupable d'avoir tiré sur sa petite amie, Reeva Steenkamp, et de l'avoir tuée. Il a prétendu l'avoir prise pour un intrus dans l'appartement qu'ils partageaient.

Clairement, nous n'avons pas besoin d'aller chercher bien loin pour constater que la violence a envahi notre société, et il y a de nombreux cas partout dans le monde qui ne feront jamais la manchette des journaux.

Les familles sont déchirées par une violence insensée dans leurs propres maisons, car beaucoup de personnes choisissent la violence comme moyen principal de communiquer les uns avec les autres.

L'impact de ces choix est incroyablement profond et très destructeur pour les individus de tous les âges, ainsi que pour leurs familles.

Bien que nous ne soyons pas en mesure de contrôler la violence qui nous entoure, la bonne nouvelle est que par la puissance de Dieu, il existe une réserve illimitée de maîtrise de soi pour ceux qui la demandent et l'acceptent. La Parole de Dieu est remplie de conseils sur la façon d'établir des relations saines et solides, en particulier dans nos familles.

Dans ce chapitre, nous examinerons brièvement la nature destructrice de la violence et de l'abus dans la famille, et nous passerons en revue l'intention originelle de Dieu et son plan parfait pour nos relations et nos familles. Nous relèverons également les éléments qui rendent les relations saines et dignes de Dieu. De nombreux groupes partout dans le monde s'engagent à mettre fin à la violence et à la prévenir en fournissant aux individus et aux familles les compétences et les connaissances nécessaires pour profiter de relations saines.

Des violences omniprésentes dans nos maisons aujourd'hui, il ressort que nous sommes loin de l'idéal de Dieu pour les relations humaines. Beaucoup de ceux qui professent être chrétiens ne possèdent aucune des caractéristiques du Christ.

7. Aucune excuse pour la violence familiale

Malheureusement, dans trop de situations, les auteurs des maltraitances utilisent l'Écriture et la théologie pour justifier leurs comportements abusifs. En outre, d'autres personnes bien intentionnées utilisent aussi la Bible pour convaincre les victimes d'accepter la violence au sein de leur famille. Cette mauvaise utilisation des Écritures peut être dangereuse et même mortelle pour les victimes. Les communautés ont une responsabilité et ne peuvent plus rester silencieuses.

Le silence maintient le cycle de la violence domestique et ne conduit pas au changement. Des efforts doivent être faits par chaque communauté, en particulier les communautés religieuses, pour aider les familles à mettre fin aux abus et à favoriser la création d'environnements plus sains pour les enfants, les adolescents et les adultes.

Bien sûr, il est évident que nous vivons à une époque violente. Nos sens sont bombardés par la violence dans les nouvelles, la musique, à la télévision et dans d'autres médias. Beaucoup de gens sont la cible de la violence. Les victimes qui nous touchent le plus sont les femmes et les enfants. Il est vrai que les hommes sont aussi victimes de mauvais traitements et de violence, mais en plus petit nombre, cela peut être dû au manque de statistiques les concernant. Peu importe la victime, la violence domestique ou familiale est incompatible avec le plan de Dieu pour la famille humaine.

Regardons d'abord quelques définitions et informations générales sur la violence domestique. La violence domestique comprend la violence physique, l'abus sexuel et la violence psychologique. Il n'y a pas de hiérarchie dans la violence ; chaque type de violence est destructeur.

La violence physique peut inclure des comportements tels que pousser, donner des coups de pied, ce qui peut dégénérer en agressions plus violentes. Bien qu'elle puisse commencer par des coups engendrant de petites ecchymoses, cette violence peut aller jusqu'au meurtre.

L'abus sexuel peut inclure des attouchements et des remarques verbales. Le viol, la molestation et l'inceste sont également inclus dans cette catégorie.

La violence psychologique comprend les comportements qui dégradent ou déprécient constamment l'individu. Cela peut inclure des menaces verbales, des épisodes de rage, un langage obscène, des exigences de perfection, et l'invalidation du caractère et de la personne. La possessivité extrême, l'isolement et le fait de priver quelqu'un de ressources financières sont tous des violences psychologiques et émotionnelles.

Il n'y a pas de véritable profil des agresseurs ou des victimes. Les deux peuvent venir de tous les groupes d'âge, groupes ethniques, classes sociales, professions et communautés religieuses ou non religieuses. Les abus et la violence peuvent prendre plusieurs formes : physiques, sexuelles ou émotionnelles. Dans le cas des personnes âgées et des enfants, on peut également inclure la négligence grave.

Les victimes

- Aux États-Unis, une femme sur quatre, au cours de sa vie, sera victime de violence domestique, également connue sous le nom de violence conjugale[1].
- Les femmes sont plus susceptibles que les hommes d'être tuées par leur partenaire.
- Les femmes âgées de 20 à 24 ans courent plus de risque d'être victimes de violence domestique[2].
- Chaque année, une victime d'homicide sur trois est assassinée par son partenaire actuel ou son ex-partenaire[3].

Les conséquences

- Les survivants de la violence familiale « font face à des taux élevés de dépression, de troubles du sommeil » et autres troubles émotionnels[4].

- « La violence domestique contribue à la mauvaise santé de nombreux survivants »[5].
- « Sans aide, les filles qui sont témoins de violences domestiques sont plus vulnérables à la violence à l'adolescence et à l'âge adulte »[6].
- « Sans aide, les garçons qui sont témoins de violence domestique sont beaucoup plus susceptibles d'agresser leur partenaire et/ou leurs enfants à l'âge adulte, perpétuant ainsi le cycle de la violence dans la génération suivante »[7].
- La plupart des violences domestiques ne sont *jamais* signalées[8].

Dans la violence domestique, il y a toujours abus de pouvoir. La violence domestique se caractérise par la peur, le contrôle et la souffrance. Une personne, au sein de la relation, utilise la coercition ou la force pour contrôler l'autre personne ou d'autres membres de la famille. L'abus peut être physique, sexuel ou émotionnel.

Il y a plusieurs raisons qui expliquent pourquoi un agresseur choisit d'abuser de son pouvoir :
- Il pense que c'est son droit, c'est-à-dire une partie de son rôle.
- Il se sent autorisé à utiliser la force.
- Il a appris ce comportement dans le passé.
- Il pense que cela fonctionne.

7. Aucune excuse pour la violence familiale

Dans la plupart des cas de violence, l'auteur est un homme. Cependant, les agresseurs peuvent aussi être des femmes. L'abus n'a pas sa place dans des relations saines et dignes de Dieu.

Les agresseurs pensent avoir le droit de contrôler tous les membres de leur famille. Leur volonté d'utiliser la violence pour avoir ce contrôle vient des choses qu'ils ont apprises. Selon diverses sources, l'agresseur a appris qu'il est approprié que la personne la plus grande et la plus forte, habituellement l'homme, frappe les autres « pour leur propre bien » ou parce qu'elle « les aime ».

Les agresseurs apprennent leurs comportements abusifs de diverses sources, notamment en observant leurs parents et leurs pairs, en faisant une mauvaise interprétation des enseignements bibliques, en écoutant les médias, les plaisanteries, les dessins animés et les films qui montrent le contrôle et les abus comme étant une facette normale des relations. Et parfois, les victimes pensent même être responsables de cette violence. Mais ce n'est pas vrai. Le comportement de la victime ne provoque pas la violence de l'agresseur. L'agresseur est maître de la violence, la victime ne l'est pas.

Ces faits ne sont pas plaisants et nous rappellent la fragilité du monde dans lequel nous vivons. La bonne nouvelle pour les familles d'aujourd'hui est que Dieu ne nous laisse pas seuls. La Bible présente la vraie image de ce que devraient être les rapports humains. Les êtres humains ont été façonnés par un Dieu aimant et relationnel qui nous a créés pour être en relation avec lui d'abord, puis avec les autres. Parce que nous sommes créés à son image (voir Genèse 1.27), toutes nos relations devraient être le reflet de sa personne et de son amour. Bien sûr, contrairement à Dieu, nous ne sommes pas parfaits, et à cause de ces imperfections, nous lutterons dans nos relations. Par conséquent, nous devons rechercher la direction de Dieu pour avoir la grâce et la force d'être plus aimants, agréables et patients et pour faire preuve de maîtrise de soi dans toutes nos relations.

Dieu nous a donné les moyens d'avoir des relations saines. Nous sommes appelés à nous construire les uns les autres. C'est ce qu'on appelle la valorisation ou habilitation. Lorsque nous nous responsabilisons les uns les autres dans la famille, nous instaurons une grande confiance au sein de la relation. Lorsque nous abusons de notre pouvoir par la domination et la coercition, nous détruisons la confiance. La confiance est la clé du processus de valorisation.

Les parents qui valorisent leurs enfants et les préparent à une interdépendance responsable leur fourniront les compétences nécessaires pour vivre une vie d'adulte épanouie et pour établir et entretenir des relations saines. Lorsque les parents utilisent des formes malsaines de pouvoir et de contrôle sur les enfants, ces derniers se détachent de leur famille et apprennent des manières négatives d'utiliser le pouvoir et de se comporter avec les autres.

La valorisation est l'amour en action, une caractéristique divine que nous devrions imiter. Si nous sommes capables de pratiquer la valorisation dans nos familles, cela révolutionnera la vision de l'autorité dans nos foyers. La coercition et la manipulation sont le contraire de la valorisation. Ils sont une distorsion de ce qu'est le vrai pouvoir. La valorisation, c'est la mutualité et l'unité.

L'amour et la grâce de Dieu nous donnent le pouvoir de valoriser les autres. Si les membres d'une famille se valorisent mutuellement, chacun grandira d'une manière exponentielle dans l'humilité et l'amour. En vérité, les membres de la famille commenceront à grandir davantage en ressemblant au Christ. Et son pouvoir nous est promis alors que nous cherchons à avoir des relations saines.

Beaucoup se trouvent aujourd'hui en dehors de ce modèle de relations familiales saines. Dans les foyers où la violence s'est infiltrée, nous vous encourageons, à partir d'aujourd'hui, à faire en sorte que votre maison et vos relations soient totalement exempts de violence. Nous vous supplions de reconnaître cette violence et de demander conseil et l'aide d'un professionnel dès que possible pour commencer le processus de guérison. Cette étape apportera de l'espoir à votre famille aujourd'hui.

---

1. « Get the Facts and Figures », The National Domestic Violence Hotline [Les faits et les chiffres, la ligne nationale de lutte contre la violence domestique], http://www.thehotline.org/resources/statistics/.
2. «Domestic Violence » [Violence domestique,] Bay Area Women's Center, http://bawc-mi.org/site15/index.php/2015-03-30-00-21-30/domestic-violence.
3. *Ibid.*
4. *Ibid.*
5. *Ibid.*
6. *Ibid.*
7. *Ibid.*
8. *Ibid.*

8

Comment prévenir la détresse conjugale et le divorce

Les mariages sont des évènements charmants et heureux. Quand un couple se tient devant l'autel, main dans la main, se regardant dans les yeux, récitant leurs vœux, ils sont remplis de joie et d'espoir. Chaque couple croit que leur amour est si spécial et leur lien si fort qu'ils resteront ensemble « dans la maladie comme dans la santé » et « pour le meilleur et pour le pire ».

La réalité est que la plupart des couples empruntent une de ces trois voies : l'épanouissement, le conflit, ou la séparation. Aux États-Unis et dans de nombreux pays du monde, 40 à 50 % des personnes qui se marient pour la première fois divorceront[*]. Qu'advient-il du vœu de rester ensemble « jusqu'à ce que la mort nous sépare » ? Ceux qui font ces vœux ne les prennent-ils pas au sérieux ? Ou comprend-on mal ce qu'ils signifient vraiment ?

Comme beaucoup de couples entendent parler du taux élevé d'échec des mariages, ils diluent leurs vœux de mariage en ajustant les mots des vœux traditionnels. Certains disent maintenant : « Tant que nous nous aimerons » au lieu de « tant que nous vivrons ». Il semblerait que certains couples fixent leurs attentes plus bas au cas où ils ne seraient pas capables de vivre à un tel niveau d'engagement.

Il ne faut pas observer très attentivement pour se rendre compte que le mariage, en tant qu'institution, a pris un grand coup partout dans le monde. Tout le monde connaît quelqu'un ou est lié à un couple qui a connu le divorce. Et dans les pays où il n'y a pas de divorce légal, de nombreux couples sont séparés et vivent des vies séparées tout en habitant dans la même maison, ou vivent dans une grande détresse. Certes, la plupart d'entre nous ont vécu, que ce soit personnellement ou de près, la douleur qu'occasionnent des relations tendues.

Avec cette réalité décourageante, comment un couple marié peut-il rester heureux toute une vie ? Comment un couple, dans notre société actuelle, peut-il construire un mariage qui dure toute la vie ou vivre « heureux pour toujours » ? Est-il possible

8. Comment prévenir la détresse conjugale et le divorce

d'empêcher la détresse et le divorce ? Eh bien, la bonne nouvelle est que les couples peuvent rester mariés et heureux toute leur vie, diminuer la détresse, et rester à l'écart des tribunaux.

La plupart d'entre nous savent ce que c'est que de *tomber amoureux*, pour en avoir entendu parler ou l'avoir vécu personnellement. Ce frisson qui nous donne des papillons dans l'estomac quand nous rencontrons quelqu'un qui nous attire n'est pas vraiment de l'amour. Il s'agit simplement de la réponse naturelle du corps aux substances neurochimiques pompées dans le système limbique du cerveau lorsque nous rencontrons quelqu'un que nous trouvons attrayant. Nous préférons appeler cela être sous l'*effet d'une attirance*.

Une autre vérité est que cette réponse de l'organisme, cette sensation de vertige, n'est pas durable avec la même personne à moins que nous ayons la volonté de cultiver une connexion positive sur une base quotidienne. Le sentiment puissant qui nous unit au début commence à disparaître une fois que nous cessons de faire toutes les choses merveilleuses que nous faisions au début et que nous sommes confrontés aux soucis quotidiens de la vie. Les gens ont subi un lavage de cerveau et croient maintenant que lorsque les sentiments romantiques s'estompent, *ils ne sont plus amoureux.*

Les psychologues et autres scientifiques découvrent peu à peu que l'être humain est fait pour se lier intimement à un autre être humain. Les gens ont besoin d'être en confiance et en sécurité auprès de quelqu'un qui ne fait pas partie de leur famille d'origine. Le contraire de la proximité ou de l'intimité est l'isolement, et notre cerveau interprète cet isolement comme dangereux pour notre bien-être. C'est pourquoi se marier est toujours l'un des principaux objectifs de la plupart des gens. Un partenaire de vie est souvent notre seule ou plus fiable source de soutien, de réconfort et d'intimité. En cette ère d'isolement croissant et de solitude, même les scientifiques s'accordent à dire que maintenant plus que jamais, les individus ont besoin de relations durables, et il est prouvé que maintenir des liens romantiques dans un engagement comme le mariage est possible.

Tomber amoureux est une chose magnifique. Mais les relations sont dynamiques et changent constamment. Ainsi, quelque profond qu'il soit, cet amour repose uniquement sur un sentiment et un niveau d'engagement extrêmement faible qui finira par s'estomper ou disparaître. Cependant, avec beaucoup d'effort, de temps, d'engagement et de volonté pour continuer, il est possible de faire grandir, de cultiver, ou de rallumer, un amour qui peut être satisfaisant et stable durant toute la vie.

Construire un mariage réussi, c'est comme construire une maison. Cela nécessite un plan et un engagement à y travailler dur. Voici cinq étapes essentielles pour construire un mariage fort et sain.

1. Édifiez votre mariage sur l'amour réel

Le véritable amour veut comprendre les besoins de l'autre et est disposé à renoncer au moi pour le bien de la relation. Le véritable amour demande beaucoup d'énergie et de sacrifices, mais garde intacte notre détermination à construire le meilleur mariage possible. La sagesse du Nouveau Testament nous dit ceci :

> « L'amour est patient, l'amour est serviable, il n'est pas envieux ; l'amour ne se vante pas, il ne s'enfle pas d'orgueil, il ne fait rien de malhonnête, il ne cherche pas son intérêt, il ne s'irrite pas, il ne médite pas le mal, il ne se réjouit pas de l'injustice, mais il se réjouit de la vérité ; il pardonne tout, il croit tout, il espère tout, il supporte tout. L'amour ne succombe jamais. Que ce soient les prophéties, elles seront abolies ; les langues, elles cesseront ; la connaissance, elle sera abolie. » (1 Corinthiens 13.4-8)

2. Acceptez les défauts et imperfections de l'autre

Dans le mariage, nous devons apprendre à nous valoriser l'un l'autre et à accepter le fait que nous ne soyons pas parfaits. Nous parlons d'avoir un mariage rempli de grâce. La grâce est quelque chose que vous donnez à quelqu'un sans qu'il ne le mérite. Ainsi, vous donnez gentillesse, patience, douceur, et plus, même quand vous n'en avez pas envie. Pourquoi ? Parce qu'à un certain moment, et même quotidiennement, votre conjoint devra faire la même chose pour vous.

Ce qui est merveilleux au sujet de la grâce, c'est que vous ne pouvez ni la gagner ni l'acheter. Et en tant que donateur de la grâce, vous devez offrir à votre conjoint de l'amour et de l'acceptation comme un cadeau. La grâce dans le mariage crée une atmosphère qui va au-delà de la culpabilité et de la honte et ouvre la voie à la croissance et à un engagement renouvelé dans la relation.

3. Écoutez-vous l'un l'autre

Un grand nombre de recherches sur le mariage indiquent que la plupart des couples éprouvent de la détresse en raison d'un manque de communication efficace. Si les personnes mariées, et les personnes en général, apprenaient à mieux communiquer, elles se comprendraient beaucoup mieux et auraient une base pour une relation plus forte et plus saine.

Pour toute relation, une bonne communication est ce que sont l'eau et le soleil pour une belle pelouse. Une bonne écoute est comme de l'engrais qui se diffuse profondément dans le sol pour le nourrir et l'enrichir. Dans la plupart des relations, ce qui donne lieu à des plaintes, ce sont des besoins non satisfaits, des voix qui ne sont pas entendues. Les couples qui communiquent bien comprennent que l'écoute active est un ingrédient essentiel dans leur mariage.

L'écoute active signifie écouter avec ses oreilles, ses yeux et son cœur. Cela montre à votre conjoint que vous cherchez plus à entendre ce qu'il a à dire qu'à vous défendre et à faire valoir votre point de vue. Encore une fois, l'écoute active nécessite de l'abnégation, un autre ingrédient essentiel pour que le mariage dure toute la vie.

Lorsque chaque conjoint se sent entendu et compris, le couple se rapproche l'un de l'autre, l'intimité augmente, et l'engagement de l'un envers l'autre et la relation s'en trouvent renforcés.

4. Pardonnez souvent

Voici une définition du pardon selon le dictionnaire Larousse : « Fait de ne pas tenir rigueur d'une faute ; rémission d'une offense ».

Le pardon ouvre la voie à la guérison et à la réconciliation dans toutes les relations. Dans le mariage, les deux conjoints se blesseront l'un l'autre, cela est inévitable. Quand nous pardonnons, nous abandonnons le droit que nous pensons avoir de punir ou de nous venger du mal subi. Quand nous ne pardonnons pas, il y a dans la relation une augmentation du sentiment d'amertume et du ressentiment. Le pardon nous libère de ces sentiments. Le pardon est essentiellement pour celui qui pardonne, plus que pour celui qui est pardonné.

5. Étreignez-vous davantage

La plupart des couples peuvent difficilement attendre de se marier pour profiter des avantages physiques du mariage. Mais au fur et à mesure que la vie quotidienne prend le dessus et que la sensation de vertige s'estompe, nous oublions de faire les choses que nous faisions au début. L'étreinte est un moyen facile de se reconnecter tous les jours. Lorsque nous nous étreignons ou que nous nous touchons, de l'ocytocine est libérée. L'ocytocine est l'hormone qui renforce notre lien avec l'autre personne ; elle diminue également la pression artérielle et réduit le stress. Ainsi, il y a de nombreux avantages à retirer d'un simple câlin. Nous encourageons les couples à s'étreindre pendant une minute chaque matin avant de se séparer, et tous les soirs quand ils se retrouvent.

Conclusion

Ce qui différencie les couples réussis de ceux qui éprouvent constamment de la détresse ou finissent par divorcer, ce sont les compétences relationnelles : savoir comment entretenir l'amour réel, gérer les conflits, pratiquer le pardon et l'acceptation, entretenir la romance et améliorer la communication. La plupart des couples ne sont pas suffisamment préparés à cela, mais chaque couple peut apprendre ! Il est dangereux de faire preuve de complaisance ou d'entretenir le désespoir dans votre mariage.

Si vous êtes prêt à intégrer ces étapes de construction dans votre couple, vous allez édifier un mariage qui résistera aux tempêtes de la vie. Bien que tous les couples connaissent des moments difficiles à un moment ou à un autre, ils n'ont pas besoin de se séparer lorsque les épreuves arrivent. Les couples qui apprennent à travailler ensemble en équipe pendant les bons et les mauvais moments verront leur mariage non seulement survivre mais prospérer, et ils « vivront heureux pour toujours » !

---

*« Marriages and Divorces » [Mariages et Divorces], Statistiques sur le divorce, http:// Divorcestatistics.org, et « Taux de divorce brut » ; Eurostat, http://ec.europa.eu/eurostat/web/products-datasets/-/tps00013.

9

Trouver la paix quand on est célibataire

Nous avons récemment célébré nos 34 ans de mariage. Pour certains d'entre vous, c'est plus que votre vie entière. Cependant, pour nous, il nous semble que c'était hier que nous échangions nos vœux de mariage lors d'un bel après-midi d'été dans le nord-est des États-Unis.

Alors que nous étions devant le pasteur, il y a si longtemps, promettant de nous aimer « jusqu'à ce que la mort nous sépare », nous n'avions pas idée à quel point il serait difficile de ne pas rompre ces vœux. Les mots étaient assez faciles à prononcer, surtout dans cette atmosphère d'extase et d'espoir. D'un autre côté, rien n'aurait pu nous préparer à la vie satisfaisante que nous avons vécue en tant que mari et femme, bien qu'il ait fallu nous agripper au fait qu'il n'y a pas de mariages parfaits parce qu'il n'y a pas de personnes parfaites.

Beaucoup de célibataires souhaitent se marier et croient qu'il leur serait plus facile de gérer et de mener une vie responsable s'ils l'étaient. Est-ce vrai ? Est-ce que les personnes mariées ont un avantage dans le monde fou de sexe dans lequel nous vivons ? Ou les personnes mariées sont-elles aussi vulnérables, étant donné qu'elles doivent faire face aux pressions de la vie avec ses délais et ses exigences pour réussir ?

En vérité, alors que se marier est relativement facile, rester marié est beaucoup plus difficile. Alors, qu'est-ce qu'une personne seule doit faire, en attendant de trouver la bonne personne avec qui se marier, étant donné les besoins sexuels pressants et l'omniprésence des messages sexuels dans la vie postmoderne aujourd'hui ?

Alors que nous examinons ce sujet très important, il est essentiel de reconnaître que la sexualité est l'idée de Dieu, et que sans aucun doute, c'est une très bonne chose. Cependant, tout ce que Dieu a créé pour votre bien, le mal essaie de le détruire. Comme il l'a fait lors de sa rencontre avec Ève dans le jardin d'Éden, le malin continue de présenter des alternatives attrayantes aux instructions données par Dieu pour améliorer la vie, espérant ainsi que vous croirez à ses mensonges, qui en fin de compte conduisent au chagrin et à la souffrance.

C'est au tout début que Dieu a déclaré dans Genèse 2.24,25 : « C'est pourquoi l'homme quittera son père et sa mère et s'attachera à sa femme, et ils deviendront une seule chair. L'homme et sa femme étaient tous les deux nus et n'en avaient pas honte. » Selon la Bible, il faut un contexte particulier pour l'expression de la sexualité : après qu'une personne a quitté son père et sa mère et s'est engagée envers son conjoint. C'est le cadre dans lequel il n'y a pas de honte pour la sexualité, puisque c'est dans ce contexte qu'une personne a pris un engagement pour la vie vis-à-vis d'un autre être humain et qu'elle est maintenant prête à jouir des privilèges qui accompagnent une telle promesse.

Juste au cas où vous n'êtes pas sûr de ce que Dieu dit, voici ce que déclare 1 Thessaloniciens 4.3-5 : « Ce que Dieu veut, c'est votre sanctification ; c'est que vous vous absteniez de l'inconduite ; c'est que chacun de vous sache tenir son corps dans la sainteté et l'honnêteté, sans se livrer à une convoitise passionnée comme font les païens qui ne connaissent pas Dieu. » Ce passage indique très clairement que si vous professez croire en Dieu, vous savez contrôler votre corps et vos passions afin de pouvoir vivre dans l'intégrité morale et en honorant Dieu.

La Bible continue à définir le contexte approprié pour la sexualité en déclarant dans 1 Corinthiens 7.1,2 : « Il est bon pour l'homme de ne pas toucher de femme. Toutefois, à cause des occasions d'inconduite, que chacun ait sa femme, et que chaque femme ait son mari ». Bien sûr, ce conseil inspiré n'est pas simplement destiné aux saints du ciel, il est établi pour la réalité de la vie sur terre. L'écrivain de la Bible accepte que parce que les êtres humains ont été créés par Dieu pour avoir des rapports sexuels, ils auront le profond désir de le faire. Cependant, cette réalité ne donne pas aux humains qui veulent vivre selon des standards moraux élevés, ou obéir à Dieu, l'autorisation d'abandonner les principes établis par Dieu au commencement. Au lieu de cela, les limites sont claires. Pour s'exprimer, la sexualité *doit* avoir lieu entre un homme et sa femme, ou entre une femme et son mari. S'il vous plaît, n'oubliez pas non plus ce message : si vous êtes un homme, vous êtes marié à une femme, et si vous êtes une femme, vous êtes mariée à un homme.

Walter Trobisch, un écrivain allemand qui a écrit sur le mariage et les questions familiales, a dit un jour : « Le sexe n'est pas un test d'amour, car c'est précisément la chose que l'on veut tester qui est détruite par le test »[*]. Cette déclaration est à l'opposé des pratiques de notre époque, dans lesquelles *l'individu* est la plus haute valeur de la société. Cela signifie que tout ce qu'une personne a envie de faire, elle a le droit de le faire, tant que personne n'est blessé dans le processus. Bien sûr, une personne aussi narcissique et hédoniste ne se soucie pas de savoir qui est blessé dans le processus. Ce genre d'individu est intéressé par ce qu'il peut obtenir plutôt que par ce qu'il peut donner. Le vrai amour pose toujours la question : *Que puis-je donner ?* plutôt que : *Que puis-je obtenir ?* Ce concept est annoncé dans la Bible, dans Jean 3.16, qui déclare : « Car Dieu a tant aimé le monde qu'*il a donné...* »

Prendre le risque de suivre l'éthique du Dieu qui vous a créé pour vivre une vie morale et responsable est sans aucun doute la meilleure des deux options. Dans Jérémie 29.11, Dieu dit : « Je connais, moi, les desseins que je forme à votre sujet, – oracle de l'Éternel –, desseins de paix et non de malheur, afin de vous donner un avenir fait d'espérance ». C'est le bon endroit pour commencer, quand il s'agit de notre éthique sexuelle pour trouver la paix en tant que célibataire.

En ce qui concerne le bon endroit pour commencer, Stephen R. Covey, dans son livre, *The 7 Habits of Highly Effective Families* [Les 7 habitudes d'une famille réussie], identifie comme habitude n° 2, celle-ci : commencez en pensant à la fin. Cette habitude est comparée au vol d'un avion. Lorsque les avions vont d'un endroit à un autre, les pilotes doivent déposer un plan de vol en indiquant clairement leur destination. Ceci est extrêmement important, car régulièrement, des tempêtes se forment sur leur trajet, obligeant le pilote à les contourner. Toutefois, étant donné qu'un plan de vol a été déposé avec une destination claire, tant que le pilote suit le plan de vol, il est plus que probable que l'avion atteindra sa destination finale à peu près à l'heure prévue.

La même chose est vraie pour la vie. Vous devez décider très tôt, au début de votre voyage, quelle destination claire vous voulez pour vous et vos relations. Une fois que vous avez choisi le genre de vie que vous voulez mener, vous devez rédiger une déclaration de mission qui vous permettra de rester concentré sur la destination choisie. Votre plan de vol, ce sont vos valeurs. Vous devez décider lesquelles vous allez adopter et lesquelles vous allez rejeter afin de pouvoir atteindre en toute sécurité la destination visée.

Sans aucun doute, des sentiments et des envies surgiront pendant votre voyage, tout comme se forment les orages sur le trajet d'un avion. Cependant, si le plan de vol de votre vie est composé des valeurs contenues dans la Bible, qui vous servent de boussole morale, vous aurez plus de chances d'atteindre la destination que vous avez choisie au début de votre voyage.

L'un des pièges qui mènent à l'immoralité sexuelle est ce à quoi une personne pense. Les pensées d'une personne sont en étroite relation avec ce qu'elle regarde et écoute. Jamais auparavant dans l'histoire de l'humanité, on a été exposé à autant de contenu immoral qu'actuellement. Internet nous a rendu la vie plus facile à bien des égards, mais en même temps, il a fait qu'il nous est beaucoup plus difficile de rester dans les normes de la morale. Avec des ordinateurs, des tablettes et des smartphones accessibles à tant de personnes, rester une personne moralement droite devient plus difficile pour tous. Il est également important d'accepter que les célibataires n'ont aucune emprise sur ce genre de tentation, qui est une réalité qui touche indifféremment tous les êtres humains, mariés ou célibataires. C'est la raison pour laquelle la Bible dit dans Proverbes 4.23 : « Garde ton cœur plus que toute autre chose, car de lui viennent les sources de la vie. »

Donc, contrairement à la pensée établie dans les sociétés d'aujourd'hui, selon laquelle on ne peut rien faire pour éduquer ses pulsions sexuelles, il est admis parmi les scientifiques que le cerveau est l'organe sexuel le plus important chez les êtres humains. Ainsi, la sexualité humaine est un monde à part de celle « des oiseaux et des abeilles ». Le fait est que la pulsion sexuelle chez les humains part du cortex préfrontal du cerveau, cette partie où tout l'apprentissage a lieu et qui est le centre du jugement. Parce que Dieu a créé les humains avec un cerveau, ils sont responsables de leur sexualité et des choix qu'ils font chaque jour. Les êtres humains ont le pouvoir de faire des choix, même lorsque leur biochimie lutte contre leur cerveau. Les gens peuvent utiliser leur cerveau très développé pour décider comment, quand, où et si, oui ou non, ils donneront libre cours à leurs pulsions sexuelles. Cette réalité est ce qui fait la différence entre les humains et les animaux.

Un autre mensonge répandu dans la société aujourd'hui est que le fait d'avoir des rapports sexuels renforcera l'image de soi, en vous rendant plus désirable ou plus confiant. Les femmes, en particulier, veulent être désirables et utilisent souvent le sexe comme baromètre de leur valeur et comme moyen d'établir des relations. Les hommes, en revanche, utile sexe pour se sentir plus confiants et capables.
iment de puissance et de performance, de

compétition et de réussite, et pour beaucoup, c'est un jeu de chiffres pour déterminer qui aura fait le plus grand nombre de conquêtes.

Malheureusement, les relations sexuelles prémaritales et/ou extraconjugales ne vous permettront jamais de vous sentir valorisé ou de valider une relation. Si vous êtes une femme, cela ne vous rendra pas plus désirable. Si vous êtes un homme, cela ne vous débarrassera pas de votre sentiment d'insécurité ; en fait, le sexe clandestin est plus susceptible d'avoir l'effet inverse sur vous. Cela finira par augmenter votre sentiment de dénigrement, de désespoir, de solitude et d'incertitude.

Alors, que doit faire un être sexué ? Il est nécessaire d'être conscient des choix qui sont devant vous et de savoir les gérer au lieu de les laisser vous manipuler. Voici maintenant un certain nombre de ces choix : le choix « c'est juste arrivé » ; le choix « si on est amoureux, ça ne peut pas être mauvais » ; le choix « le sexe nous rapproche » ; le choix « je ne suis pas un être sexué tant que je ne suis pas marié » ; et le choix « fixons des limites ». Que vous soyez marié ou célibataire, tous ces choix sont mauvais, sauf le dernier. À moins de fixer des limites saines à l'avance, que vous soyez marié ou célibataire, vous serez en difficulté ; alors, fixez ces limites saines maintenant, avant que la tentation ne se présente.

Pour trouver la paix en tant que célibataire, il est important d'identifier ses valeurs tôt, de choisir de se laisser diriger par elles, et de mettre sa confiance en Dieu pour avoir la force morale de vivre chaque jour en accord avec elles.

---

*Walter Trobisch, *I Married You* [Je t'ai épousée], Harper and Row, New York, 1971, p. 75-77.

10
Épilogue

Il n'y a pas longtemps, nous parlions avec un couple marié depuis plus de 25 ans, et la femme racontait avec bonheur les merveilleuses vacances qu'ils venaient de passer à Aruba. Il était évident qu'elle était ravie de pouvoir partager avec nous le fait qu'elle et son mari avaient fait de leur mariage une telle priorité qu'ils avaient pu économiser pour pouvoir passer un moment ensemble dans un bel endroit. À peine avait-elle mentionné le lieu de leurs vacances que le mari l'a interrompue, presque agacé, en disant : « Non chérie, nous sommes allés à la Barbade, tu t'en souviens ? » Le comportement pétillant et gai de la charmante dame s'est alors brusquement assombri.

À une autre occasion, nous parlions avec un couple et ses trois enfants adolescents, et le plus jeune fils racontait avec une certaine fierté qu'il avait appris à faire du ski nautique dans un camp d'été trois ans auparavant. On ne pouvait pas ne pas remarquer à quel point ce jeune homme se passionnait pour l'activité dont il parlait et combien il était heureux d'avoir acquis ces compétences, quand sa mère l'a interrompu pour dire : « Il y a deux ans, Matthew, pas trois ans. » La réaction du jeune homme a été instantanée. Le visage heureux s'est renfrogné, et le langage corporel confiant a cédé la place à des épaules tombantes.

Nous partageons ces histoires avec vous pour souligner le fait que nous n'avons jamais vu des couples avoir des relations plus heureuses ou des relations parent-enfant s'améliorer grâce à l'aide non sollicitée d'un membre de la famille souhaitant corriger leur récit.

La vérité est que même si le mari essayait d'être gentil dans la première histoire, et la mère utile dans la deuxième, ce sont des exemples de la tendance très blessante que beaucoup d'entre nous ont à corriger les autres, en particulier ceux qui nous sont les plus proches, en public. Ces exemples révèlent également à quel point cette pratique peut être désagréable et potentiellement destructrice pour la qualité d'une relation.

Dans ces deux illustrations, la correction était complètement inutile, n'ajoutant pas grand-chose de plus à l'information partagée. De toute évidence, il n'y avait aucune intention de la part de la dame heureuse de faire une fausse déclaration sur l'endroit où ils avaient été en vacances, puisque Aruba et la Barbade sont toutes les deux de belles îles des Caraïbes, avec des plages magnifiques. L'adolescent ne voulait pas non plus tromper sur le temps écoulé depuis qu'il avait appris à faire du ski nautique ; que cela fasse deux ou trois ans n'avait pas d'importance.

Alors, surveillez les habitudes que vous avez contractées et que vous mettez en pratique dans vos relations familiales tous les jours. Bien qu'il soit vrai que les membres de votre famille ne sont pas parfaits et que, comme vous, ils sont susceptibles de commettre des erreurs par inadvertance ou d'oublier les détails exacts d'une histoire, la façon dont vous réagissez améliorera ou perturbera votre relation. Tandis que leurs histoires imparfaites ne feront de tort à personne, vos corrections constantes véhiculeront le message que parler en votre présence peut ne pas être sans danger pour eux.

Il y a quelques mois, nous conseillions une femme mariée depuis quinze ans et mère de deux enfants d'âge scolaire. Elle était vraiment contrariée que son mari soit toujours occupé par son travail et n'ait jamais de temps pour elle ou leurs enfants. « Je crois que mon mari ne m'aime plus, » a-t-elle dit. « J'attends depuis longtemps qu'il soit moins occupé, mais rien n'a changé au cours des dix dernières années. Je suis fatiguée d'attendre et je veux en finir avec ce mariage misérable », a-t-elle déclaré.

À une autre occasion, une femme nous a dit : « Dieu veut-il que je sois mariée à un toxicomane ? Mon mari en est un, et parfois j'ai peur pour ma vie et pour la vie de mes enfants quand il devient violent ou qu'il gaspille l'argent qui devrait servir à payer les factures pour acheter de la drogue. »

Nous avons ressenti la profonde douleur d'une jeune femme avec qui nous discutions il y a quelques semaines lorsqu'elle nous a dit : « Nous sommes mariés depuis trois ans et mon mari a déjà oublié d'être romantique. Que puis-je dire ou faire pour l'encourager à rester romantique ? »

Bien que les femmes aient tendance à nous consulter plus souvent que les hommes pour parler de leurs relations conjugales, nous avons ressenti le fardeau de l'homme avec qui nous parlions il y a quelques mois lorsqu'il nous a dit : « Ma femme est tout simplement impossible à vivre. Chaque fois que nous discutons de quelque chose d'important, cela finit par une dispute parce que tout *doit* être fait à sa façon. Peu importe la situation, c'est toujours la même chose. Je me sens toujours invalidé quand je parle de quelque chose avec ma femme parce qu'elle a toujours raison, et que j'ai toujours tort. En tant qu'homme dans cette relation, j'ai l'impression que Dieu s'attend à ce que je sois le leader. Mais avec une femme comme la mienne, je ne crois pas qu'il soit possible d'accomplir les desseins de Dieu dans notre mariage. Je suis fatigué et frustré et je ne sais plus quoi faire. »

Comme nous l'avons dit au début de ce livre, le mariage et les relations familiales sont les expériences les plus difficiles dans la vie des êtres humains. Et il est vrai qu'il n'y a pas de familles parfaites parce qu'il n'y a pas de personnes parfaites.

Nous espérons que lorsque vous ferez des choix relationnels pour votre vie dans les jours à venir, que vous soyez marié, divorcé, veuf, célibataire depuis toujours, jeune, d'âge moyen ou plus âgé, vous le ferez avec l'assurance que vous n'êtes pas seul dans votre quête d'une plus grande paix et du bonheur.

Malgré le fait qu'il soit difficile de cultiver et de conserver des relations familiales saines, plus que jamais nous croyons qu'il y a de l'espoir pour les familles d'aujourd'hui. Cependant, l'espoir ne vient pas seulement du conseil que nous avons donné dans ces pages sur les choix que vous pouvez faire pour mieux répondre : être proactif, faire une pause, réfléchir et choisir la bonne réponse dans vos interactions avec vos proches. L'espoir ne vient pas seulement du fait que vous puissiez rechercher l'aide de conseillers professionnels qui pourront vous aider à acquérir une perspective et à trouver des moyens d'acquérir de meilleures compétences pour bâtir des relations plus solides. L'espoir ne vient pas seulement du fait que vous puissiez faire des dépôts sur les comptes bancaires émotionnels des membres de votre famille chaque jour. Le véritable espoir réside dans le fait que Dieu a promis de vous aider dans des situations qui semblent inextricables, comme il le déclare dans Marc 10.27 : « Cela est impossible aux hommes, mais non à Dieu, car tout est possible à Dieu ».

Avoir Dieu de notre côté est très important. Cherchez-le dans votre voyage à travers la vie, regardez à lui lorsque vous devez prendre des décisions. En fait, il veut avoir une part dans votre vie : il veut vous parler quand vous lisez sa Parole, quand vous vous adressez à lui dans la prière. La meilleure décision que vous puissiez prendre pour votre famille est de faire de Dieu le troisième pilier

Épilogue

de votre mariage, de faire de lui un conseiller et un guide pour vous et vos enfants, une véritable source d'espoir quand tout, autour de vous, semble perdu.

Voici l'invitation qu'il vous fait à vous et à vos proches : « Voici : je me tiens à la porte et je frappe. Si quelqu'un entend ma voix et ouvre la porte, j'entrerai chez lui, je souperai avec lui et lui avec moi. » (Apocalypse 3.20) Voulez-vous lui donner une chance ?

C'est notre espoir pour vos relations familiales. En plus d'espérer, nous prions pour cela.